孟嘗君と戦国時代

宮城谷昌光

中央公論新社

はじめに

中国史にかぎらず、時代史をいきなり理解するのはかなりむずかしい。

私自身、三十五年ほどまえに、中国の春秋時代を代表する晋《しん》の文公《ぶんこう》すなわち重耳《ちょうじ》を小説に書きたいと思い立ち、春秋時代という時代史に踏み込んでみたが、いきなり道に迷った感じになった。

わからないということは、一部分がわかり、大部分がわからない、ということではない。すべてがわからないということなのである。春秋時代を知りたければ、司馬遷《しばせん》の『史記《しき》』と『春秋左氏伝《しゅんじゅうさしでん》』を読めばよいではないか、という人がいるであろう。むろん私は両書を読んでいた。それでも春秋時代がさっぱりわからなかった。他人《ひと》より理解力が劣ることは否《いな》めないものの、

――理解するとは、どういうことなのか。

と、すっかり考え込んでしまった。どれほど読んでもわからないのであれば、書く

しかない、とおもい、『史記』と『春秋左氏伝』を書き写しはじめた。こういう理解のしかたは、私のような魯鈍《ろどん》な者がする方法で、とても他人には勧められない。数行の記事を理解するのに数日も、いや数週間もかかる。一日に千里も走る馬がいるというのに、私はまるで一日に一里もすすまない駑馬《どば》である。

そういうことをおこなっているうちに、単体で立っているようにみえることがらが、じつはながれのなかにあることが、おぼろげながらわかるようになった。それゆえ私は、春秋時代を起点に、ながれをさかのぼって上古の世界へ行った。遠ざかることによって、もっとはっきりみるという逆説的なことをおこなった。歴史の始原から春秋時代を観《み》るということである。それでも春秋時代のすべてがわかったわけではないが、春秋時代とつきあうことができるようになった。

ところが、春秋時代につづく戦国時代となると、まことにつきあいにくかった。

春秋時代には時代を動かしている貴族が保持しているルールというものがあった。が、戦国時代になると、そのルールが消えて、軸になるものを見失った。国と人を動かす原動力が多様になった。なぜそういう戦争をするのか、なぜそういう外交をするのか、なぜそういう内政をするのか。問うてゆけばきりがなく、答えをみつけにくいのは春秋時代の比《ひ》ではない。たとえば殷《いん》（商《しょう》）王朝は、神政国家であったので、神がすべてを決める。これがもっともわかりやすい。しかし帝乙《ていいつ》はみずからを帝と称して神にかわって命令をくだすようになったので、なにごとにも複雑さがくわわり、帝辛《ていしん》（紂《ちゅう》王）のときに王朝は滅んだ。宗教的束縛がゆるくなるにつれて、政治のありようは複雑になり、わかりにくくなったといえる。春秋時代には宗教的残像があったのに、戦国時代にはほとんどない。

ものごとを抽象することは、一種の両刃の剣で、わかりやすくすることもありわかりにくくすることもある。が、戦国時代には抽象が効《き》かない。共通な属性がとぼしいからである。そこで私は、時代の最大公約数になるような人物がいないか、さがしてみた。みつけたのが孟嘗君《もうしょうくん》である。かれの生母は身分が低く、生まれた孟嘗君は豊かさから遠いところで育ったにちがいない。ところがかれの父は大国の宰相であった。のちに孟嘗君は、上は国王から下は盗賊まで交際の範囲にいれ、しかもかれは、東は斉《せい》から西は秦《しん》まで、南は楚《そ》から北は趙《ちょう》まで、みずからの足で知っている。その存在は戦国時代の空間と時間を映し、その特徴と多様さをある程度集約してくれているのではないか。こういう人物は戦国時代には孟嘗君を措《お》いてほかにいない。いや、空前絶後かもしれない。そう想えば、孟嘗君そのものが戦国時代なのである。ただし孟嘗君もながれのなかにある。それを知ってもらいたい書きかたをした。これを読んで、もしも孟嘗君が巨大な虚無にみえた人がいれば、その人はまちがいなく戦国時代にはいっている。

二〇〇九年四月吉日

宮城谷昌光

目次

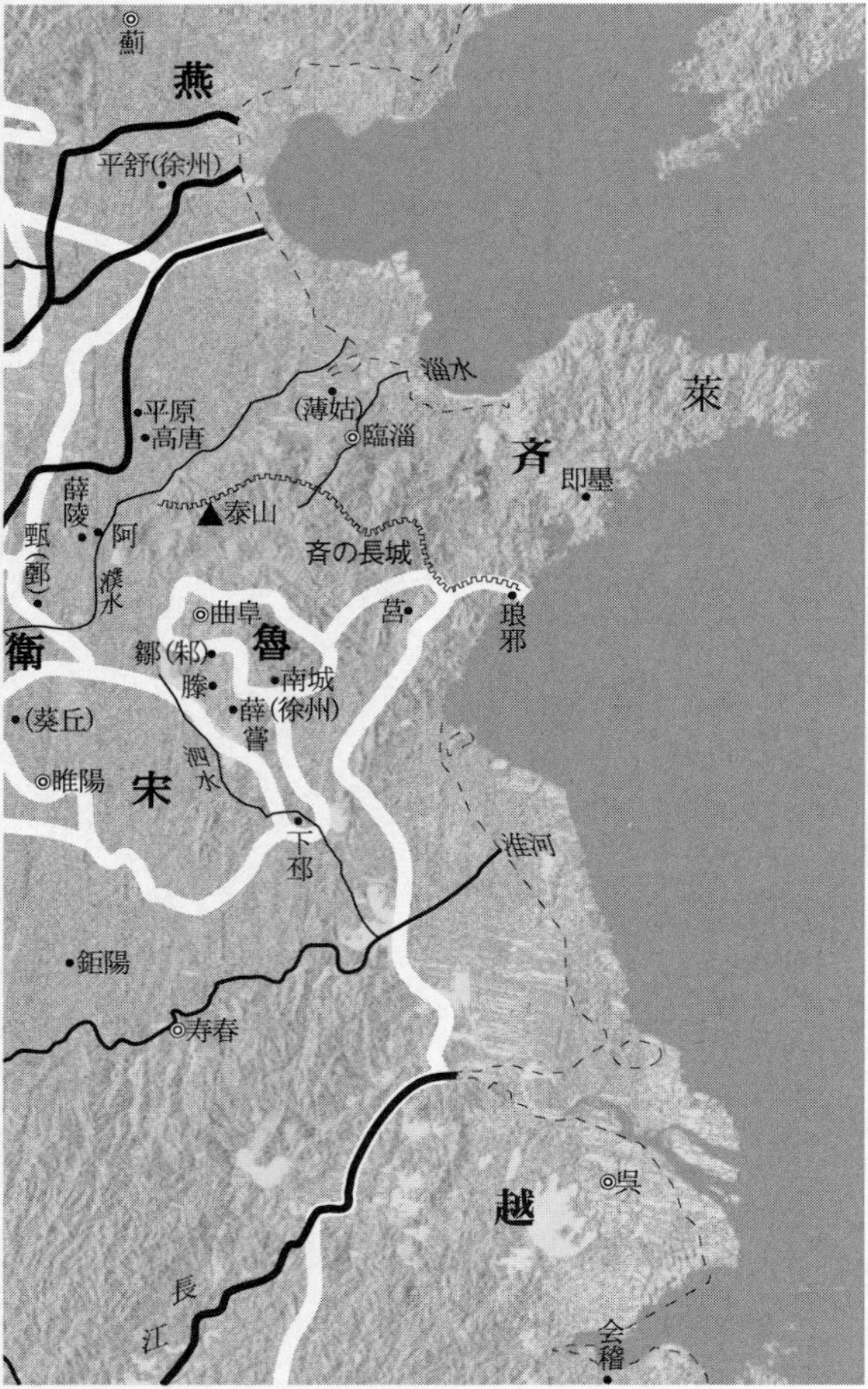

----は古代の海岸線
各国の国境線は紀元前350年のもの
『中国歴史地図集』をもとに作成

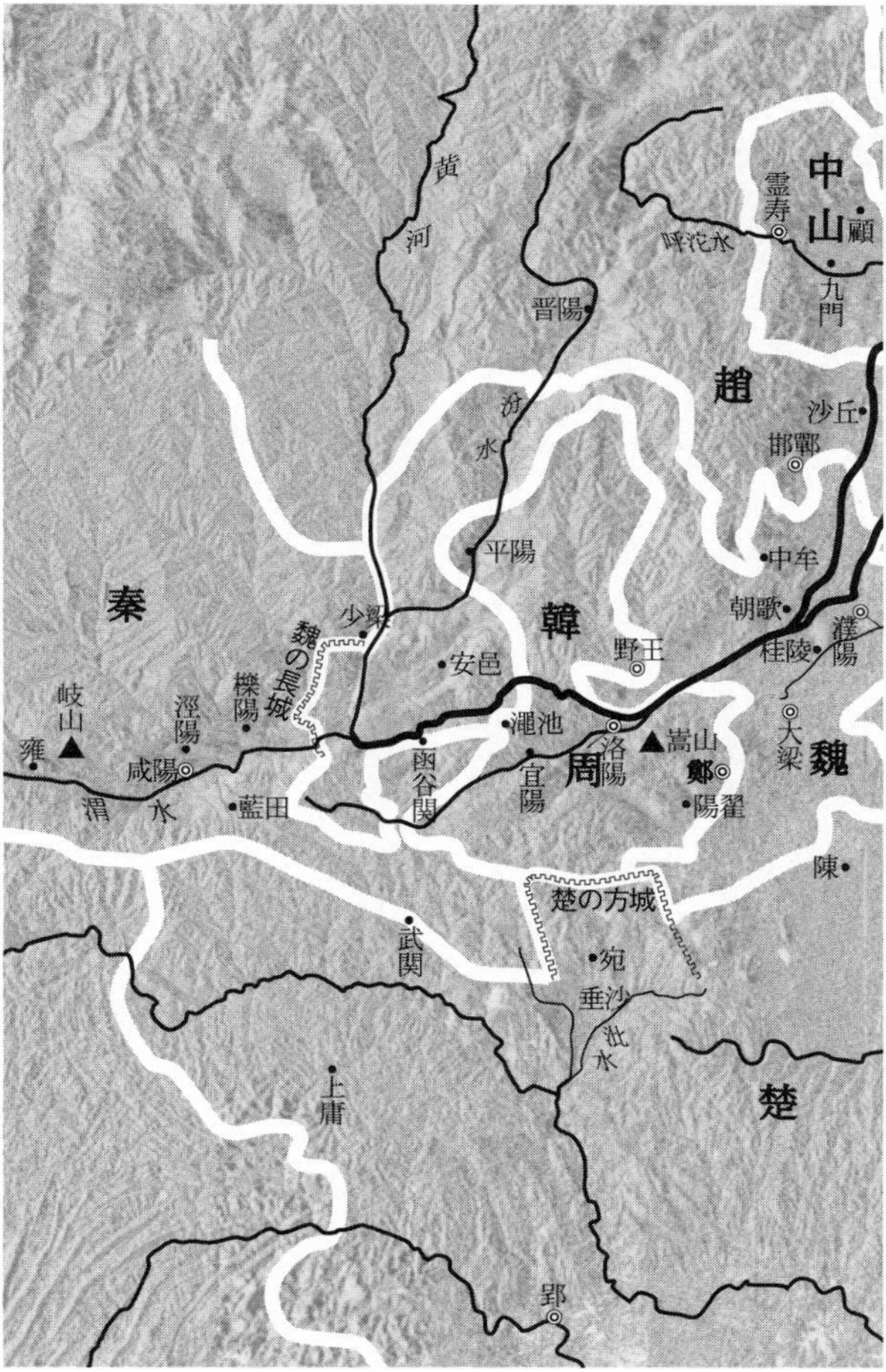
黄河
中山
霊寿
顧
九門
呼沱水
晋陽
趙
沙丘
邯鄲
汾水
平陽
中牟
朝歌
秦
少梁
韓
魏の長城
安邑
野王
濮陽
桂陵
櫟陽
岐山
涇陽
澠池
洛陽
嵩山
大梁
魏
雍
咸陽
函谷関
宜陽
周
鄭
陽翟
渭水
藍田
陳
楚の方城
武関
宛
垂沙
沘水
上庸
楚
郢

孟嘗君と戦国時代

第一章　戦国時代と四君

函谷鉾（写真・祇園祭山鉾連合会）

1　函谷鉾の孟嘗君

小説『孟嘗君《もうしょうくん》』を書き終えたあとに、京都から一枚のCDが送られてきた。差出人は「函谷鉾《かんこぼこ》保存会」である。CDに録音されていたのは、

「祇園《ぎおん》祭・函谷鉾祇園囃子《ばやし》」

である。これは私的な録音ではない。定価がついているかぎり、一般の人が買うことのできるものである。このCDには解説文が付けられている。祇園祭の起源が、平安時代の貞観《じょうがん》十一年（八六九年）におこなわれた「祇園御霊会《ごりょうえ》」であると記されている。要するに、疫病の流行が怨霊《おんりょう》によるものであると想われたので、それら怨霊を鎮《しず》めるためにおこなわれたのである。函谷鉾については、長刀鉾《なぎなた》と同様、山鉾《やまぼこ》巡行の順番を決めるくじ取り式に参加することなく、毎年五番目を巡行しているという。この鉾は特権をもっているのである。

――そうか。

私は目が醒《さ》めるほどの衝撃をうけた。鉾の名称でわかるように、その鉾の主は孟嘗君であり、ずいぶん昔から孟嘗君は京都の人々に親しまれ崇《あが》められてきたのである。またこの祇園祭が日本各地の人々を招き寄せる力をもってからは、日本人は函谷鉾をながめながら孟嘗君を仰ぎみてきたことになるではないか。ただし、

「函谷」

と、きいて孟嘗君を連想することができなければ、その鉾を想像の跳躍の手段にすることはできず、鉾の美しさに感動するだけで終わってしまうであろう。京都の歴史

函谷鉾　先端の鉾頭は函谷関の故事にちなんで月と山型をあらわし、天王台には孟嘗君の人形が取り付けられている

の奥深さは、中国の故事に通っているのである。

2　春秋と戦国のちがい

さて、孟嘗君が活躍したのは中国の戦国時代である。

「春秋・戦国時代」とは、よく目にし耳にする名称であろう。春秋と戦国のあいだに区切りをいれないで、春秋戦国時代と憶《おぼ》えてしまった人もいるかもしれない。

春秋時代は周《しゅう》の平《へい》王からはじまり、周の敬《けい》王で終わる。西暦でいえば紀元前七七〇年から紀元前四七六年までの時代である。

戦国時代は周の元《げん》王からはじまり、周の赧《たん》王で終わる、すなわち紀元前四七五年から紀元前二五六年までである、といいたいところであるが、そうはならない。周の赧王が亡くなって、周王という存在が消滅してからも、戦乱の世はつづいて、秦《しん》王政《せい》（秦の始皇帝《しこうてい》）が中国を統一する直前の紀元前二二一年で、戦国時代は終わった、ということになっている。

春秋時代と戦国時代にどのような区切りがあるのか、と想う人もすくなくあるまい。周の敬王が崩じて、元王が即位しただけのことであり、昨日と今日のちがいをさがすようなものである。はっきりいって春秋時代も戦いの時代であるから、それも戦国時代と呼んでもよい。だが、人は時に目盛りをつけ、レッテルを貼《は》る。すると年月日が生じ、あきらかに昨日と今日とは日付がちがう。春秋と戦国のちがいも、そのように理解してもらわねばなるまい。

ではなぜ目盛りに準ずるように周王の号をだしたのか。

それはかつて周が天下王朝であり、周王が天下の主宰者であったからである。中国の最古の王朝は、夏《か》であり、夏のつぎは殷《いん》（商《しょう》）である。殷の紂《ちゅう》王（帝辛《ていしん》）を倒したのが、周の武《ぶ》王発《はつ》であり、かれは諸侯の盟主となり、天下を主宰するようになった。周王朝は武王からはじまる。それからおよそ二百七十年後に、周王朝は危機を迎え、滅亡同然になるが、平王が王都の鎬《こう》（宗周《そうしゅう》）から東へ奔《はし》って、洛陽《らくよう》の地（成周《せいしゅう》）で王朝を再興させたため、ふたたび周王朝がつづくこととなった。この王朝を、「東周《とうしゅう》」

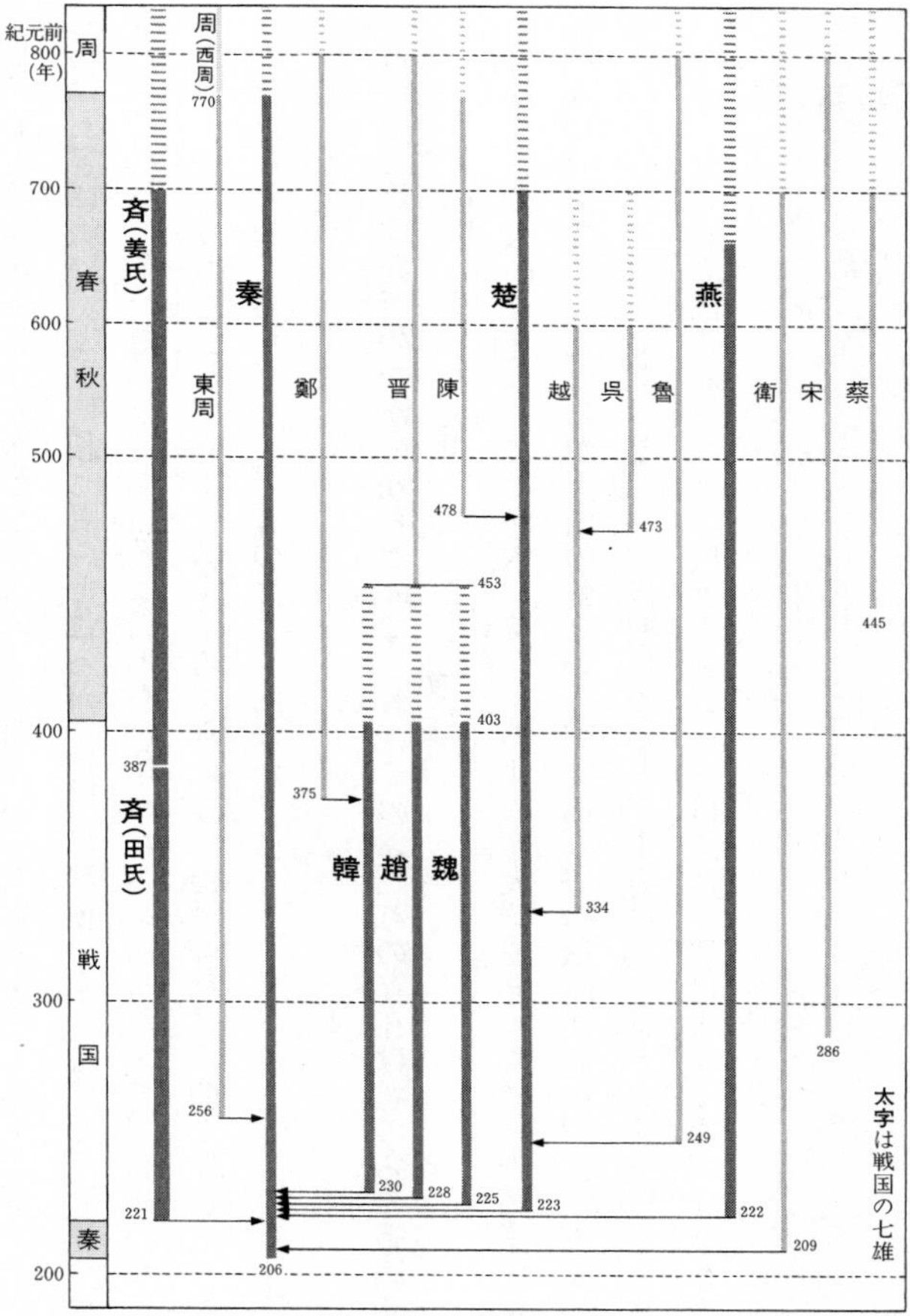

春秋戦国列国興亡図（貝塚茂樹・伊藤道治『古代中国』をもとに作成）

と、正式には呼ぶが、別称として春秋・戦国という。春秋時代も周王を盟主として諸侯はときに戦い、ときに和した。ところが、周王は諸侯の争いを鎮め、和をすすめる力をもたなくなった。そこで諸侯は周王を尊ぶかたちを保ったまま、諸侯のなかの実力者を捜して盟主として立て、結束するようになった。春秋時代の初期には、その盟主が斉《せい》の桓《かん》公であり、ついで晋《しん》の文《ぶん》公であった。

「斉桓・晋文」

というのが、覇者《はしゃ》のなかの覇者とみなされ、このふたりの存在は、のちの戦国時代どころか三国《さんごく》時代まで特別視されることになる。

斉は東方の大国であり、晋は河水《かすい》（黄河《こうが》）の北の超大国であった。その両国に対抗するほどの力をそなえたのが、南の楚《そ》という国であり、春秋時代の中期は、南北の超大国の争いがすべてであった。が、後期になると、南方に呉《ご》と越《えつ》という強国が生まれたため、南北対立は終わり、楚は呉との戦いにあけくれ、晋は大きくなりすぎたため、魏《ぎ》韓《かん》趙《ちょう》という三国に分裂してしまった。そのときというのは、すでに戦国時代に突入している。

3　戦国時代の諸国

戦国時代の周王はさらに無力になっている。それでも周王を尊崇《そんすう》するという気分は残っていた。存在の意義はほとんどないが、害にならないのであるから、残しておけばよい。そういう思考が諸侯にはたらいたとおもわれる。

さきに時間の区分のために周王の号をだしたが、もうすこしくわしく周王をならべてみたい。戦国時代に限定すると、つぎの九人が周王である。その王の元年もついでに書いておくが、それは即位年ではないと想ってもらいたい。まえの王が崩じて、あらたな王が立っても、元年は翌年になる。

元王《げん》　（紀元前四七五年）

定王《てい》（紀元前四六八年）
考王《こう》（〃四四〇年）
威烈王《いれつ》（〃四二五年）
安王《あん》（〃四〇一年）
烈王《れつ》（〃三七五年）
顕王《けん》（〃三六八年）
慎靚王《しんせい》（〃三二〇年）
赧王《たん》（〃三一四年〜前二五六年）

これらの王号をならべたのは、ほかの歴史書を読む場合の助けになるとおもったからである。たとえば宋《そう》の司馬光《しばこう》の撰《せん》になる編年体の『資治通鑑《しじつがん》』は、周の威烈王からはじまっている。元王から書かなかったところに、司馬光の史観があるであろう。たしかに、威烈王が即位しても、晋という国はまだ消滅しておらず、威烈王の二十三年（紀元前四〇三年）に、魏、韓、趙という国にわかれて、それらの国の主は威烈王から諸侯に認定された。ゆえに戦国時代は威烈王からはじまる、と考えてもふしぎではない。よけいなことかもしれないが、『資治通鑑』は驚異の書物である。大国の首相が政務をとりながら長大な歴史書を書いたようなものであり、その摘録《てきろく》の的確さには、感心させられる。資治とは、治めることを資《たす》ける、と訓《よ》めばよいであろう。政治をおこなう者の必読書である。

魏家、韓家、趙家というのは、晋のなかの富強の家であり、ついに晋の公室をしのいで、広大な領地を三分した。魏はその西部と東部を、韓はその中部を、趙はその北部を取って、なお伸張した。韓は河水を南に渡って、その勢力を中華の中心に位置するといってよい鄭《てい》の国におよぼし、やがて鄭を滅ぼして自領とした。魏は中部を韓にゆずったため、東西の領地をむすぶ道が趙に近い迂回《うかい》路となった。太鼓橋を想えばよい。交通はずいぶん不便であった。趙が取った北部は、広いのはよいが、山岳地帯をふくみ、北辺は北の異民族の勢力圏に接するので、警戒をおこたるわけにはいかず、他の二国とはべつのむずかしさをかかえなければならなかった。

とにかく、魏、韓、趙は、晋という超大国を三分して成立した国なので、まとめて、

「三晋《さんしん》」

と、呼ばれることがある。

それら三国のほかに、強大になる国は四つあり、のちに戦国七雄《しちゆう》と呼ばれるようになる。雄とは、雄国ということで、大国であると想えばよい。整理のためにその七国を列挙してみる。ついでに首都も記してみる。

魏（安邑《あんゆう》→大梁《たいりょう》）
韓（平陽《へいよう》→宜陽《ぎよう》→陽翟《ようてき》→鄭《てい》）
趙（晋陽《しんよう》→中牟《ちゅうぼう》→邯鄲《かんたん》）
秦（雍《よう》→涇陽《けいよう》→櫟陽《れきよう》→咸陽《かんよう》）
楚（郢《えい》→陳《ちん》→鉅陽《きょよう》→寿春《じゅしゅん》）
燕《えん》（薊《けい》）
斉（臨淄《りんし》）

遷都の多さは国の不安定さをあらわす場合が多いが、三晋の場合は発展的遷都であり、秦の場合は不安定さから脱却してゆく過程がみえる。秦は七国のなかでもっとも西にあり、そのためこの国も西方の異民族との戦いにあけくれて、国力を充実させることが容易ではなかった。斉は七国のなかでもっとも東にあるが、この国は孟嘗君とのかかわりが強いので、あとで詳述する。

また魏は西の安邑から東の大梁に首都を遷《うつ》したあと、国名を、

「梁」

とも呼ばれるようになった。じつは春秋時代に河水が汾水《ふんすい》とまじわるあたりに、梁、という小国があり、その国は少梁《しょうりょう》とも呼ばれていたので、魏ではそれと区別するためにあえて大という文字をかぶせて、大梁としたのであろう。だが、少梁は国としてはすでに滅び、邑《ゆう》（まち）の名としてしか残っていないので、わざわざ大梁といわなくてもよく、梁といえば魏を指し、大梁が首都名ということになった。たとえば『孟《もう》子《し》』の冒頭は、

――孟子梁の恵《けい》王に見《まみ》ゆ。

という文である。梁が魏の別称であるとわかれば、戦国時代にそんな国があっただろうか、などとまごつくことはなくなる。『孟子』の巻五と巻六は「滕文公章句《とうぶんこうしょうく》」である。じつはその滕というのは小国名で、さきの七国以外に春秋時代から存立しつづけている小・中の国があったのである。せっかく滕の名をだしたので、この国につい

ていえば、周の文王の子の叔繡《しゅくしゅう》が封ぜられた国であるので、「姫《き》姓」である。中国の古代の姓はさほど多くない。

姫、姜《きょう》、嬴《えい》、芈《び》、子《し》、姒《じ》、嬀《き》、任《じん》、曹《そう》、己《き》、風《ふう》、妘《うん》、姞《きつ》、曼《まん》、熊《ゆう》、偃《えん》、隗《かい》、祁《き》、帰《き》、允《いん》、漆《しつ》、彭《ほう》、董《とう》、姚《よう》などを憶《おぼ》えておけば充分であろう。

姓という文字は、女、をふくんでいることであきらかのように、母系による血縁集団をいう。氏とはちがうのである。

周王の姓が姫であったので、周王室から岐《わか》れた室《いえ》はすべて姫姓である。それゆえ子姓の殷王室を倒した周王室の姓がもっとも尊貴である時代がつづいたが、さすがに戦国時代になると、姫姓のねうちがさがった。滕の君主も周王の威権が低下したことに苦しまねばならなくなり、孟子（名は軻《か》）に教えを請《こ》うのである。ちなみに滕の位置は、孟嘗君と大いにかかわりをもつ薛《せつ》の西北にあった。滕と薛は近いといってよい。あとで述べることになるが、滕の文公と孟子は、孟嘗君の父の靖郭君《せいかくくん》と同時代の人であり、いちど靖郭君は孟子をかくまうという義俠《ぎきょう》を発揮する。

とにかく、それはあとのことにして、戦国時代にけなげに存立していた小・中の国は、つぎのような国である。

宋（睢陽《すいよう》）
衛《えい》（濮陽《ぼくよう》→野王《やおう》）
魯《ろ》（曲阜《きょくふ》）
中山《ちゅうざん》（顧《こ》→霊寿《れいじゅ》）
周
滕
越（会稽《かいけい》→呉《ご》→琅邪《ろうや》）
鄒《すう》（前身は邾《ちゅ》）

この鄒が孟子の出身国である、と書くと、孟子に深入りしそうになるのでやめておく。周王の国はずいぶんおちぶれたものである。北方の中山は謎の多い国で、いちど魏に滅ぼされるのであるが、紀元前三八〇年ころに復興する。その後、大いに栄えて、国主は王を称するまでになるが、趙に敵視されて、ついに紀元前二九六年に趙によっ

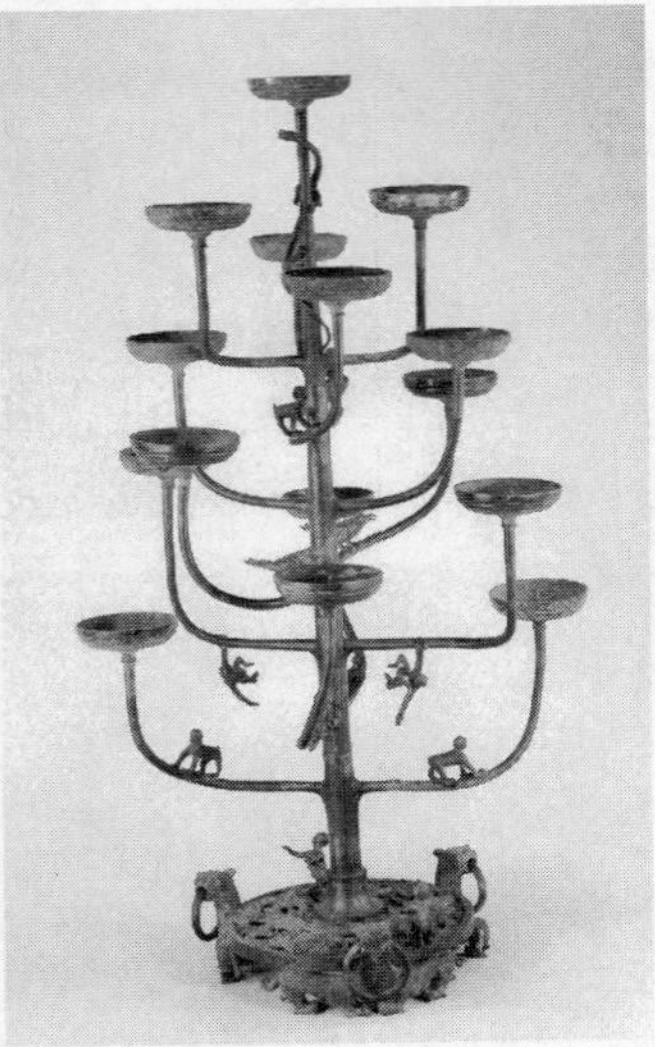

中山王墓出土の青銅器
十五油杯のついた燭台（左）
と龍の飾りが刻まれた方壺
（河北省文物研究所蔵。CPC）

て滅ぼされる。よけいなことかもしれないが、戦国時代の各国の王の墓はなかなか発掘されず、はっきりと戦国時代の王の墓であると認められたのが、中山国王の墓なのである。私は写真でしかみたことがないが、出土品のなかの十五油杯《ゆうはい》も付けられた青銅の燭台《しょくだい》は、もはやシャンデリアである。また青銅の方形《ほうけい》卓《たく》は、龍鳳《りゅうほう》の文様である。

古い文様といえば、まず殷周の時代のおどろおどろしい饕餮《とうてつ》文《もん》を想ってしまうが、すでに新石器時代に文様はあらわれているという。そのなかの動物の図は、犬、魚、羊、蛙、鳥、龍であり、鳥と龍は最古の文様であるといってよい。饕餮文は時代が更《か》わると消えていったが、鳥は鳳凰《ほうおう》や鶴となり、龍とともに生きつづけた。中山王墓からは、なんと翼をそなえた龍（方壺《ほうこ》）も出土したのである。それは中山王だけが鳳凰と龍を好んだということではあるまい。諸国の王侯も鳳凰と龍を身辺に置いておきたいわけがあったにちがいない。そのふたつは王侯の象徴である、ということはできよう。だがそれだけではなく、鳳凰と龍は天空を飛び、九天《きゅうてん》まで上昇することができるのであるから、天の果てにある不死の世界までつれていってくれる、と考えられていたのではないか、という説もある。けっして大国と呼ぶことはできない中山国の王がそれほど質の良い品をもっていたことを想えば、大国の王の生活は現代人の想像を超える豊麗《ほうれい》さにあったであろう。

4　魏の文侯と戦国四君

戦国時代を、私はかってに前期・中期・後期に分けている。

孟嘗君の一生はそのまま中期といってよい。前期がなければ中期がないわけであるから、前期についてすこし述べてみたい。その前期をわかりやすくするためには、時代の中心となったとおもわれる人物を登場させたほうが早い。

「魏の文《ぶん》侯」

というのが、その人物である。ちなみに『漢書《かんじょ》』の「芸文志《げいもんし》」に載《の》せられている書名をみてゆくと、

『魏文侯』

にゆきあたる。すなわち儒家《じゅか》の書物のひとつに魏の文侯について記されたものがあったのである。が、残念ながら亡失《ぼうしつ》してしまった。

さて魏の文侯の元年は紀元前四四五年であり、その年は周の定王の二十四年にあたる。この君主は当時の王侯としてはめずらしく儒教を尚《たっと》んだ。そのためか『史記』の「仲尼弟子列伝《ちゅうじていしでん》」のなかにこういう記事がある。

「孔子《こうし》が子夏《しか》（卜商《ぼくしょう》）にいった。なんじは君子の儒者となれ。小人《しょうじん》の儒者となってはならぬ。孔子が歿《ぼっ》してから、子夏は西河《せいか》に往《い》って住み、人々に儒教を教えた。やが

て魏の文侯の師となった。自分の子が死ぬと、哀《かな》しみのあまり哭《な》きつづけ、ついに失明した」

すなわち孔子の弟子のひとりである子夏は、孔子の歿後に、魏へ往って、文侯の師となったということである。なお西河というのは、河水の西ということで、魏の領土は秦をおしのけるように西に張りだしていたのである。孔子が亡くなったのが紀元前四七九年である。孔子の享年は七十三（満年齢ではない）であるといわれているので、孔子より四十四歳下の子夏はそのとき二十九歳であったことになる。

さきに魏の文侯の元年を紀元前四四五年であると書いた。孔子の死去の年から三十四年後である。するとその年に子夏は六十三歳であったことになる。文侯を直接に教授することができる歳である。ただし文侯が子夏に師事したという逸話がみあたらないので、文侯の師となったのは、子夏の弟子ではないか、ともいわれている。とにかく儒教を国の政治にとりいれるということは、のちの儒教一辺倒の時代からみればあたりまえかもしれないが、孔子がどの国にもうけいれられなかったことを想えば、稀《け》有《う》なことであろう。

魏の文侯には逸話が多い。

あるとき韓の使者がきて、

「趙を伐《う》ちたいので、兵をお借りしたい」

と、いった。すると文侯はこう答えた。

「趙は兄弟の国です。とてもお貸しできません」

また、あるとき趙の使者がきて、

「韓を伐ちたいので、兵をお借りしたい」

と、いった。文侯の答えは、こうである。

「韓は兄弟の国です。とてもお貸しできません」

あとで趙と韓の君主は文侯の意《おも》いを知って、魏に入朝した。要するに徳の高さによって、諸侯を攬《まと》めてゆく力を文侯はもっていた。儒家からみれば、文侯は君主の理想像に比《ちか》かった。ほんとうに徳が高ければ、おのずと人はその人のもとに集まる。その人が君主であれば、すぐれた人物が千里を遠しとせずにやってくるであろうし、諸侯はあらそうように入朝する。すなわち何をすることもなく、天下の主宰者になれる。

魏の文侯はほぼそういう存在であった。たしかに歴史を更《か》えるほどの異才が魏にやってきた。

「呉起《ごき》」

である。かれは衛の生まれであるが、魯へ行って儒教を学び、魏の文侯の評判をきいて、その英主のもとで驥足《きそく》をのばしたいとおもった。それゆえ最初に文侯に謁見《えっけん》したときは、儒家の着る服を着ていた。呉起が用兵の達人であるときいていた文侯は、

「われは戦いを好まぬ」

と、いきなりいったことが『呉子《ごし》』に載せられている。呉起は大才であった。兵法に精通している兵家《へいか》であるとみなされているが、国政を変改させて天下の人々を驚倒させられるほどの富国強兵を、実現させることができる新しい思想をもっていた。が、すでに広大な領地をもち、富力をそなえていた魏では、軍事（おもに防衛）にしかその才能は活用されなかった。のちに呉起は楚へ亡命して、大改革を実行しようとするが、自分を信頼してくれた楚王の死によって、挫折《ざせつ》し、落命する。もしもその大改革が楚で完遂されていれば、中国統一はおそらく楚によって完成されることになったであろう。呉起の死は、魏をはじめ諸国の命運をのばしてくれたのである。

さて、戦国時代の中期に、斉、趙、秦という三国が台頭してくる。それによって魏を中心とするつりあいがくずれてしまう。これは儒教の求心力が落ちたともいえる。

儒教以外の思想が、魏以外の国の成長と、連動することになる。いままでみむきもされなかった思想が注目され、尊重されるようになる。その浮上の力にともなって、地に這《は》っていたようなさまざまな才能が上昇する。

それらの人々は国を動かし、天下を動かすとおもわれる人物にむらがり集まり、客となって養われるようになる。戦国時代の中期から後期にかけて、客を養っていた王族や公族それに大臣はかぞえきれないが、かれらのなかでも尤《ゆう》なる者が四人いた。のちにその四人は、

「四君」

と、呼ばれる。

斉の孟嘗君（紀元前？年～前二七九年）
趙の平原君《へいげんくん》（紀元前？年～前二五一年）
魏の信陵君《しんりょうくん》（紀元前？年～前二四三年）
楚の春申君《しゅんしんくん》（紀元前？年～前二三八年）

孟嘗君についてはあとで述べるとして、平原君は氏名を趙勝《ちょうしょう》といい、趙の武霊王《ぶれい》の子で、恵文王《けいぶん》の弟である。平原は封邑《ほうゆう》名である。魏の信陵君の姓名は姫無忌《きぶき》で、魏の安釐《あんき》王の異母弟である。信陵も封邑名であるが、寧陵《ねいりょう》とも呼ばれる。楚の春申君の出身は不明である。氏名は黄歇《こうけつ》である。春申という邑はないので、それは雅号に比いものであろうか。かれらはそろって国王を輔《たす》ける立場で異彩を放ち、国王をしのぐ盛名を得ることになる。ここではその四人のなかの孟嘗君だけをとりあげて、他の三人に言及することができない。はるかのちに漢《かん》王朝を樹《た》てる劉邦《りゅうほう》（高祖《こうそ》）は、出身が沛《はい》県なので、孟嘗君ゆかりの薛《せつ》に近かったにもかかわらず、信陵君を尊崇《そんすう》した。そのことひとつをとっても、戦国史には魅力があるが、とても寄り道をしているわけにはいかない。

第二章　斉国と臨淄

桓公と管仲を描いた画像石（CPC）

1　営丘と臨淄

斉《せい》は太公望《たいこうぼう》が建てた国である。

太公望といえば、釣人《つりびと》と同義語になってしまったが、かれは羌《きょう》族という遊牧民族の出身で、魚を獲《と》る術はまったく知らなかったといってよい。

羌族にはかなりの数の族長がいたはずである。もともと羌族は中原《ちゅうげん》において遊牧をおこなっていたとおもわれ、殷《いん》民族の進出によって山岳地帯へ退いた。中国の東は海になってしまうので、争いをきらう族は北方か西方へ移動したであろう。西方へ移動した族のひとつが太公望の族であったとおもわれる。ただし『史記』の「斉太公世《せいたいこうせい》家《か》」には、

――太公望呂尚《りょしょう》は、東海の上《ほとり》の人なり。

と、あるので、東へ逃げて、海岸にとどまった羌族もいたのであろう。が、とにかく太公望は族人を率いて西方へ移住した。その西方で輿望《よぼう》を集めていたのが、西伯《せいはく》す

なわち周《しゅう》の文王《ぶん》である。ちなみに西伯とは西方の霸者をいう。この西方の実力者と太公望が密《ひそ》かに会見したのが、渭水《いすい》の北岸であろう。太公望が釣りをするふりをして文王を待っていたにちがいない。文王が太公望を馬車に載せて帰った、というのは、ふたりが合意に達して、周と羌族の盟約が成ったのである。このあと周に入朝する族がふえたため、天下を主宰する殷の紂《ちゅう》王に警戒されて、捕らえられて投獄された文王は、かろうじて獄死をまぬかれた。その後、かれは殷を倒すことができるほどの力をたくわえたが、殷王を伐《う》つことをためらい、後事を子の武《ぶ》王に託して歿した。武王は八百諸侯を率いて殷を攻め、牧野《ぼくや》(のちの衛国の朝歌《ちょうか》の南)で決戦をおこなって殷王を殺し、周王朝をひらいた。武王を佐《たす》けて勝利を招いた太公望がさずけられた国を斉という。

——師尚父《ししょうほ》を斉の營丘《えいきゅう》に封《ほう》ず。(『史記』「斉太公世家」)

師尚父というのが太公望である。營丘が首都名である。その營丘こそのちの臨淄《りんし》であれば話はかんたんであるが、營丘の位置がわからない。營丘は萊《らい》の辺境に接していたと『史記』に書かれている。萊は国名で、山東《さんとう》半島の根元あたりに本拠があったと想われるが、その勢力圏がどのようであったかがわかれば、營丘の位置を推定するこ

臨淄故城の排水道口跡（CPC）

とができる。しかしそれはとてもむりで、あとは発掘調査でつきとめるしかない。

とにかく斉は羌族が建てた国のひとつである。ほかに羌族が建てた国は、申《しん》、紀《き》、向《しょう》、州《しゅう》、鄣《しょう》、厲《れい》、呂《りょ》、許《きょ》などがあり、それほど多くの羌族が周の武力革命を援《たす》けたということである。

やがて太公望の子孫のなかで胡《こ》公というものが、薄姑《はくこ》というところに遷都した。薄姑は済水《せいすい》に近く、海からも遠くない。ところが胡公は内訌《ないこう》によって殺され、あらたに斉の君主として立った献《けん》公が臨淄に都を定めた。これが臨淄という名があらわれた最初である。

ちなみに献公が胡公を攻めるときに率いていたのが営丘の人ということであるので、営丘の人の支持を保ちつづけるために、首都を営丘かその近くに置いたと想像したくなる。臨淄とは、

「淄水《しすい》に臨む」

ということで、都邑の東側に淄水という川がながれている。

2　桓公と管仲の偉業

羌族が建てた国のなかで、消滅せずに春秋時代のなかばまで達した国は多くなく、そのなかで最大になったのが斉である。斉の桓《かん》公が君主として立つまでは、斉は大国といえず、たとえば北の異民族に斉が攻められたときに、鄭《てい》に援けを求めたようなありさまであった。鄭は周王にかわって諸侯を率いて軍事をおこなう特権をもっていたので、春秋時代の初期には栄えていた。だが、斉に内乱があったのちに立った桓公が、周王中心の勢力図を画《か》きかえてしまった。

英主があらわれると、名臣、賢臣が出現するのであろうか。桓公の傅佐《ふさ》の臣であった鮑叔《ほうしゅく》に推挙されたのが、

「管仲《かんちゅう》」

である。中国史上最高の輔相《ほしょう》といわれることになるこの人物は、なんと桓公と斉の君主の席を争った公子糾《きゅう》（糺《きゅう》）を輔佐していた臣で、しかも桓公を殺すべく、桓公にむかって矢を放ったことがあった。それゆえ鮑叔の推挙に桓公は難色をしめした。だが、鮑叔はひきさがらなかった。

「わたしはさいわいにも君に従うことができ、君はついに斉の君主としてお立ちになりました。ところがわたしは君の尊貴さをこれ以上増すことができません。これから君が斉だけを治めようとなさるのであれば、大夫《たいふ》の高傒《こうけい》とわたしだけで充分でしょう。しかし君が覇者になりたいのであれば、管夷吾《かんいご》（管仲）がいなければ、だめです」

鮑叔は桓公の欲望の大きさと志の高さを知っていた。さらに鮑叔は友人である管仲の才能が卓絶していることも知っていた。一国の運営であれば鮑叔でもできるが、天下を運営するとなれば管仲でなければできない。これは鮑叔の名言であり、この進言を容《い》れて桓公が管仲を国政の席に招いたあと、鮑叔は管仲に恩着せがましいことを一

言もいわず、大臣の席からしりぞいた。おそらく管仲も鮑叔に礼をいわなかったであろう。そういうふたりの友情のありかたを、後世の人々は、

「管鮑《かんぽう》の交わり」

と、いって、たたえた。斉の隣国の魯《ろ》に生まれた孔子は、管仲には批判的であったが、鮑叔の進退には手ばなしで激賞した。いつの世でも、隣り合わせの国の民は仲が悪く、魯の国民は斉を嫌い、隣国の君臣と心から親和することはなかった。孔子にもそういう気分があったことは否めない。

だが、管仲の才能はとてつもなく巨《おお》きかった。かれは国の制度を改革し、兵制を整え、経済政策を実行して、斉国を富まし強くした。

倉廩《そうりん》実《み》つれば、すなわち礼節を知り、衣食《いしょく》足《た》れば、すなわち栄辱《えいじょく》を知る。

これは管仲自身のことばではなく、後世の管仲崇拝者が作った『管子《かんし》』という書物の第一章というべき「牧民《ぼくみん》」にある文である。物を保存しておく蔵《くら》でもいろいろな文字があり、倉は穀物蔵、廩は米蔵、というのが原義である。すなわち食べ物に不足し

ないようになれば、人々は礼節にも気をくばるゆとりをもち、衣食が充足してこそ、人々は栄誉と恥辱がわかるようになる。国と家が貧しければ、礼節どころではなくなり、栄誉も恥辱もどこかへいってしまう。そういう考えかたであり、管仲自身の思想ではないにせよ、管仲をよく代弁している。人民が個々に工夫し努力しなくても、桓公が君主で管仲が大臣になると、暮らしが豊かになり兵が強くなったのである。国の政策がすぐれて構造的な成果が増大すると、そうなるのである。

そういう豊かさは隣国の魯にはなかった。

たとえば孔子の弟子のひとりである子貢《しこう》が、あるとき問うた。

「貧しくても人にへつらわず、富んでも驕《おご》らない、というのは、人の生き方としてはどうでしょう」

孔子は答えた。

「善《よ》い生き方だね。だが、貧しくても道義を楽しみ、富んでも礼を好む者にはおよばない」

この問答にみえてくるのは、魯国の貧しさである。人民を豊かにする政策がこの国にはなく、それゆえ貴族ではない者は、この貧しさに耐える工夫をしなければならなかった。

斉と魯は、対蹠的《たいしょ》であった。

それはそれとして、諸侯は国難があっても何もしてくれない周王をみかぎって、斉の桓公のもとへゆくようになり、盟主として仰いだ。実質的に天下の主宰者となった桓公は、諸侯を葵丘《ききゅう》というところに集めたときに、

「封禅《ほうぜん》をやってみたい」

と、いって、管仲をあわてさせた。天命をうけた者がおこなう祭りで、高い山に登って山川を望んでおこなうのである。太公望の先祖は、

「四嶽《しがく》（四岳）」

と、いわれるが、要するに羌族が中原から山岳地帯へ退いたときに、東西南北にそれぞれ中心になる山があったということである。そのひとつが東方の泰《たい》山である。のちに封禅は泰山でおこなわなければならなくなったが、羌族は四嶽の中心に嵩《すう》山をみつけて、それをもっとも尊貴な山としたから、泰山が封禅のための山であることには疑問がある。泰山が嵩山より高いため、というのでは、理由にならない。

封禅をおこなうということは、天子になることにひとしいので、管仲は諫止《かんし》した。

「上古の聖王が封禅をおこなったときは、わざわざ招かなくても、四方からいろいろなものがやってきました。ところが今は、鳳凰《ほうおう》も麒麟《きりん》もあらわれません。嘉穀《かこく》（めでたい穀物）も生じておりません。それなのに封禅をなさろうというは、むりがありませんか」

ついに桓公はあきらめた。

3　陳（田）氏の台頭

斉は栄え、桓公は覇者となった。

それをこころよくおもっていなかったのが周王であることはいうまでもない。

斉の繁栄は、管仲の死によって、翳《かげ》りが生じた。管仲を喪《うしな》った桓公の政治には懈《かい》慢《まん》が生じ、後継において紊《みだ》れに乱れた。それゆえ桓公の死後に、すぐに大乱が生じて、宮廷内にさえ兵が往来したため、桓公の棺《ひつぎ》は放置されたままとなり、そこから虫がわいた。この後継者の席を争う長く酷烈《こくれつ》な戦いが、斉の君主の威権を衰えさせ、国力を殺《そ》いだ。

歴史とはおもしろいもので、こういう斉国の内乱のわきに、ひとりの亡命公子がいたのである。

「重耳《ちょうじ》」

である。かれは西方の晋《しん》の公子であるが、父の献《けん》公が夭《わか》い美女をあらたに正室にしたことから、その美女が産んだ子にあとを継がせたくなり、ほかの子を殺そうとした。重耳の兄で、太子でもあった申生《しんせい》は自殺せざるをえなくなり、重耳は脱出して諸国をめぐり、斉に到《いた》って桓公に優遇されていたのである。重耳は斉国の内乱をみて、この国をでることを決意し、宋《そう》へゆき、楚《そ》へ移り、さらに秦《しん》へ行ってから、帰国をはたす。この人が桓公のつぎに覇者となる。

「晋の文《ぶん》公」

とは、重耳のことである。かれは斉の桓公の成功と失敗をつぶさに視《み》ており、帰国すると、周王室を援助することで、威権を高めた。この方式ははるかのちに曹操《そうそう》に模倣される。そう想えば、政敵である董卓《とうたく》に擁佑《ようゆう》された後漢の帝室に無関心であった袁《えん》紹《しょう》は、斉の桓公の方式であるといえなくもない。『三国志』に載せられている諸賢《しょけん》は、春秋・戦国時代から熱心に学んだのである。

とにかく斉国は覇権を晋へゆずらざるをえなくなった。

じつは斉国の命運にとってかかわりの大きな亡命公子が、もうひとりいたのである。

「陳完《ちんかん》」

という公子である。陳という国は嬀《き》姓ということになっているので、かれの姓名は嬀完ということになる。かれは陳の君主である厲《れい》公の子として生まれた。かれが生まれたとき、ちょうど周の太史が陳を通った。そこで厲公は、

「わが子を占ってくれまいか」

と、たのんだ。太史は占ってくれた。が、ふしぎなことをいった。

「陳ではない国を有《ゆう》するようになります。陳からでて、異国に住むことになりましょう。国を有するのは、このかたではなく、ご子孫でしょう。異国に住むとなれば、かならず姜《きょう》姓の国です。陳の国が衰えるころに、その国が昌《さか》えるようになります」

厲公が薨《こう》じたあと、弟の荘《そう》公が君主となったので、公子完は君主として立てず、大夫となった。このままなにごともなければ、さきの占いははずれたことになる。が、紀元前六七二年に、陳で内乱が勃《お》こった。陳の大臣などが荘公の太子を殺したのであ

る。太子の与党とみなされていた公子完は、国を脱出して東へ奔《はし》り、宋と魯を通過して、斉へ行った。斉は姜姓の国である。

かつては自身も亡命公子であった斉の桓公は、亡命してくる貴族には優しく、公子完を引見すると、

「卿《けい》に任じよう」

と、いった。卿は大夫のなかでも参政をおこなう上大夫である。ところが公子完は辞退した。

「それでは工正《こうせい》に任ずる」

工正は工人たちの長である。斉に陳氏という貴族の家ができたのである。陳完はわきまえのある人物であった。

あるとき陳完は桓公を自宅に迎えて、酒をすすめた。桓公は楽しくてしかたがなかったらしく、

「灯をともして、もっとつづけよう」

と、いった。だが陳完は、

「昼間の酒宴については占っておきましたが、夜のことまでは卜《うらな》いませんでした。夜

はやめましょう」

と、宴を閉じた。

この陳完こそ、斉の田氏の祖なのである。陳完の曽孫《そうそん》である陳須無《ちんしゅむ》（文子《ぶんし》）は大臣となり、かれの子の陳無宇《ちんむう》（桓子《かんし》）はいっそう家の力を充実させた。陳無宇の子は、陳開《ちんかい》（武子《ぶし》）、陳乞《ちんきつ》（僖子《きし》）、陳書《ちんしょ》（子占《しせん》）と三人いるが、陳乞にこういう話がある。民から賦税《ふぜい》を納めるときに、陳乞はあえて小さな枡《ます》を用いた。ところが、民に穀物を与えるときは、大きな枡を用いた。そうすることによってかれは斉の国民の心をつかんだ。

陳乞は斉公室の後継にも立ち入って、おのれに都合のよい君主を立てた。そこから専権をふるいはじめる。陳乞のあとを継いだのは陳恒《ちんこう》（成子《せいし》）である。陳恒は闞止《かんし》（監止《かんし》）という者と、斉の簡《かん》公の左右の相《しょう》となった。

――気に入らぬやつよ。

と、陳恒は闞止をながめていた。が、闞止は簡公からひとかたならぬ寵愛《ちょうあい》をうけていたので、手をだすことができなかった。ところがおもいがけない機会を得た。陳氏一族のなかに陳豹《ちんぴょう》という者がいて、かれはひとりの大夫の紹介で、闞止に仕えた。

陳豹と気が合った闞止は、

「われが陳氏などは、すべて追放してやる。なんじ独りが陳氏をうけつぐというのはどうだ」

と、いった。

——これは大変なことになった。

と、おもった陳豹は密かに陳恒に語《つ》げた。一族の者を集めた陳恒は、

「先手を打とう」

と、決めて、公宮を攻めることにした。簡公をおさえてしまえば、賊は闞止となる。この計画は成功した。闞止が簡公を奪いかえすべく兵を公宮にむけたが、攻めきれず、ついに敗走した。が、追撃されて、けっきょく殺された。その後、簡公に矛《ほこ》をむけたことが咎《とが》められるとおもい、陳恒は舒州《じょしゅう》というところで君主を殺害した。

それを隣国できいた孔子が、三日間斎戒《さいかい》して、

「斉を攻めなければなりません」

と、魯の哀《あい》公に献言したことは、有名な話である。礼の国である魯は、隣国でおこなわれた無礼を、匡《ただ》さなければならない、ということである。むろん哀公は出師《すいし》しな

かった。

『春秋左氏伝』では陳恒となっている氏名は、『史記』では、田常《でんじょう》である。古代では陳と田はおなじ音であったということである。陳恒すなわち田常は、国内の女子で、身長が七尺《せき》（一五七・五センチメートル）以上の者を選んで、後宮に入れた。後宮の女性の数は百を単位にして算《かぞ》えるほど多くなり、田常が亡くなったとき、七十余人の男子がいた。当然、女子を加えれば百人を超えたであろう。

ついでではあるが『史記』を書いた司馬遷は、恒という名をあえて常に更《か》えたのである。なぜなら、司馬遷が生きていたのは、前漢の武《ぶ》帝の時代であり、累代の皇帝の本名を避けて記述しなければならなかったからである。それを、

「避諱《ひき》」

と、いう。諱《いみな》を避ける、ということは、史家が遵守《じゅんしゅ》しなければならぬ書法のなかの礼である。前漢の武帝までの皇帝と諱をならべるとつぎのようになる。

高祖　劉邦《りゅうほう》

恵帝　盈《えい》

文帝　恒《こう》
景帝　啓《けい》
武帝　徹《てつ》

これでわかるように、邦、盈、恒、啓、徹という文字を司馬遷はつかうことができなかった。それゆえ史料に、陳恒あるいは田恒とあったのに、その恒という文字をべつの文字にする必要があったのである。恒は、つね、という意味をもつので、常を選んだ。ほかにも北岳《ほくがく》の恒山を常山と書かねばならなかった。そういう不便が生ずるので、これ以後、前漢の皇帝はめったにつかわない文字を選んで本名とした。武帝のあとの昭《しよう》帝から前漢最後の孺子嬰《じゆしえい》までは、「弗陵《ふつりよう》」「詢《じゆん》」「奭《せき》」「驁《ごう》」「欣《きん》」「衎《かん》」「嬰《えい》」という諱がならぶ。

4　姜斉の終わり

斉は、弑《しい》された簡公のあとの平《へい》公の在位期間に、戦国時代にはいる。平公から宣《せん》公へ、宣公から康《こう》公へ、斉の君主はつづいたが、康公が紀元前三七九年に死亡したため、姜姓の斉、すなわち「姜斉」は絶えた。すでに斉国の運営は陳氏すなわち田氏がおこなっていたのである。

田恒が亡くなったのが紀元前四五六年であり、子の盤《はん》（班《はん》）が立った。この人は田《でん》襄《じょう》子《し》とのちに呼ばれる。田盤は兄弟と一門の者をことごとく斉国内の都邑に置いて大夫とした。さらにこの専権を諸侯に非難されないように、三晋の君主と友好を深めた。三晋の君主も主家を圧迫しているといううしろめたさをもっている。

田盤のあとを継いだのは、田白《でんはく》（伯）である。田荘子《でんそうし》と呼ばれる。かれは軍事を活発におこなった。『史記』では、田白のあとに子の太公和《か》が立ったことになっているが、『古本竹書紀年《こほんちくしょきねん》』では、田悼子《でんとうし》という者が家督として立っている。田悼子の即位は紀元前四一一年であり、元年は翌年すなわち紀元前四一〇年である。この家主のあとに立つのが、田和である。田和の元年は紀元前四〇四年であるので、田悼子の在位はずいぶん短い。田和が立ったときに斉の君主として立ったのが康公であり、この君主は酒と婦人におぼれて聴政《ちょうせい》に無関心であった。それゆえ田和は康公を海のほとりに遷《うつ》して一城を与えた。この時点というのは、紀元前三九一年で、以後、斉国の主は実質的に田氏となった。斉の康公はおそらく暗君ではなかったであろう。が、国事がことごとく田氏の下にあるという現状をみれば、なすすべがなく、自分を田氏にとって無害な存在であるとみせるほかはなかったであろう。とにかく太公望を始祖とする斉公室は康公の死によって畢《お》わった。

田和は紀元前三八七年（元年からかぞえて十八年目）に、魏《ぎ》の武《ぶ》侯（文《ぶん》侯の子）および楚と衛の大臣と会見をおこない、諸侯として認めてもらえるように求めた。魏の武侯はそれを承《う》けて周の安《あん》王に要求をおこなった。安王はもはや諸国の不正を匡す力をもっていない。要求を容れて、田和を諸侯として認定した。田和は国号を更えなかったので、以後の斉を、

「田斉」

と、呼んで、姜斉とはちがうことを明示するのである。

田和は正式に諸侯となって安心したのか、それから長くは生きず、紀元前三八四年に薨《こう》じた。斉国史はむずかしく、『史記』は田和のあとの田剡《でんえん》をぬかしてしまった。『史記』に従って年表を作っても、つじつまがあわないはずである。田剡を殺して君主として立ったのが、田午《でんご》である。この君主は、

「斉の桓《かん》公」

と、呼ばれるが、往時（春秋時代）の名君も斉の桓公なので、区別するために、田斉の桓公と書かれる。が、戦国時代だけをみてゆくのであれば、斉の桓公は田午であると想ってもらえばよい。斉の桓公は十八年（紀元前三五七年）に逝去して、子の因《いん》斉《せい》が立った。この君主こそ、田斉では最高の名君であるといわれる、

「威《い》王」

である。ようやく孟嘗君の父の兄にたどりついた。

第三章　威王の時代

陳侯因資敦（『白川静著作集』「別巻・金文通釈４」より）

1　威王の即位

いきなり、威《い》王にはおもしろい話がある。

威王は君主の席に即《つ》いてから、九年間も、聴政《ちょうせい》をおこなわず、政治を大臣にまかせたままであった。

当然のことながら他国は強くなって斉《せい》との境を侵《おか》し、斉の国情は不安定になった。すると威王は山東《さんとう》半島にある即墨《そくぼく》という邑を治めている大夫《たいふ》を召した。威王はこういった。

「あなたが即墨に居るようになってから、あなたへの悪口を毎日のようにきいた。ところがわれが人を遣《や》って即墨をしらべさせてみると、田野は開墾《かいこん》されて、人民は不足を知らない。また官事にとどこおりがなく、東方はまことに安寧であった。これは、あなたがわれの側近にとりいって栄達を求めようとしなかったためである」

すぐさま威王はこの誠実な大夫に一万戸の采邑《さいゆう》をさずけた。

つぎに威王は阿《あ》の大夫を召した。阿は首都の臨淄《りんし》からはそうとうに遠く、西南に位置する。東阿《とうあ》とも呼ばれる。

「なんじが阿を守るようになってから、毎日のようになんじを誉《ほ》めることばをきいた。ところが使いをだして、阿をしらべさせると、田野はさっぱり開けておらず、人民は貧しさに苦しんでいる。昔、趙《ちょう》軍が阿に近い甄《けん》(鄄《けん》)を攻めたとき、なんじは救援することができなかった。また衛《えい》軍が薛陵《せつりょう》を奪ったとき、なんじは無関心であった。これは、なんじがわが側近に篤《あつ》く贈り物をして、栄達を求めたからである」

阿の大夫は震慄《しんりつ》した。威王は国政のことはまるで知らない暗君であるとおもってきたのである。だが威王はおのれを韜晦《とうかい》していた。

「烹殺《にころ》せ――」

この威王の一声で、巨大な鼎《かなえ》のなかで煮えたぎっている湯のなかへ、阿の大夫は投げ込まれた。

粛清は、それだけでは終わらなかった。

阿の大夫を誉めた者をのこらず烹殺した。宮廷の内外がふるえあがったことはいうまでもない。それ以後、人々は非行を飾ることはやめて、誠《まこと》を尽くすようになった。

たしかにおもしろい話である。だが、

――まてよ……。

と、おもうべきであろう。似た話が、春秋時代にあった。楚《そ》の名君中の名君とたたえられる荘《そう》王旅《りょ》は、即位して三年のあいだ、いかなる号令をもださなかった。日夜、享楽《きょうらく》して政治をかえりみなかった。もっとも父が亡くなったあとの三年は服喪《ふくも》の期間であるので、その間は政治を大臣にまかせるというのが、新君主のありかたである。ただし喪に服しているというのは、静かに故人をしのぶことであり、酒を呑《の》み、女を抱き、大騒ぎをするのは礼に悖《もと》る。みかねた臣下たちが、荘王を諫《いさ》めた。すると荘王は激怒して、

「われを諫める者は、いかなる者でも、死刑に処する。けっして赦《ゆる》しはせぬ」

と、命令をだした。荘王がはじめて発した命令が、これであった。

なお春秋時代に王号を用いたのは周《しゅう》、楚、呉《ご》、越《えつ》という四国である。だが、呉は戦国時代にはいってすぐに滅び、越は中原《ちゅうげん》の歴史にさほどかかわりをもたなかったので王号の意義がうすい。楚の荘王の先祖である武《ぶ》王熊通《ゆうとう》が、周の桓《かん》王に使いをだして、周に従いたいが、爵位を高くしてもらいたい、と求めたことがあった。周王から諸侯

として認めてもらえた者には爵号が与えられる。

公《こう》、侯《こう》、伯《はく》、子《し》、男《だん》

という五爵がそれである。どの国の君主がどういう爵位にあるのかは、『春秋左氏伝』をみれば、すぐにわかる。たとえば冒頭の経文《けいぶん》のなかに、

――夏五月、鄭伯《ていはく》、段《だん》に鄢《えん》に克《か》つ。

と、あるからには、鄭《てい》の君主は伯爵なのである。鄭伯とはそういうことである。ちなみにその文は、今年の夏の五月に、鄭の君主が、弟の段《だん》と戦って、鄢《えん》というところで勝った、といっている。

楚は鄭より下の子爵であった。武王はそれが不満で、爵位をあげてくれ、と周王に要求した。が、周王は拒否した。怒った武王は、

「わが先祖の鬻熊《いくゆう》は、周の文《ぶん》王の師であった。たまたま早世しただけである。いまや蛮夷《ばんい》の諸侯はみなわれに従っている。ところが周王はわれに位を加えてくれぬ。こうなったら、われがみずから位を高くするだけだ」

と、いい、王と称した。これが楚の武王の三十七年（周の桓王《かんおう》十六年）のことであり、西暦では紀元前七〇四年にあたる。以後、楚王室は戦国時代の末に秦《しん》に滅ぼされるまでつづく。

さて、楚の荘王にもどる。

王を諫めると殺されるとあっては、群臣はおびえて、口をつぐんでしまった。そういう悪いふんいきのなかで、あえて荘王に近づいたのが、伍挙《ごきょ》という臣である。機知のある伍挙は、まともに諫言《かんげん》を呈することをせず、

「隠《いん》を進めることを、おゆるしください」

と、いった。隠は、謎、といいかえることができる。なぞかけをしたい、といったのである。

「鳥がいます。阜《おか》にとまっています。その鳥は三年も蜚《と》ばず、鳴きもしません。それはいったい何の鳥でしょうか」

荘王は答えた。

「三年も蜚ばないとなれば、ひとたび蜚べば、天に昇るであろう。三年も鳴かないとなれば、ひとたび鳴けば、たちまち天下の人を驚かすであろう。伍挙よ、さがってよ

い。われにはわかっている」

数か月後、荘王はにわかに淫楽《いんがく》を罷《や》めて、聴政の席についた。すぐさま数百人を誅殺《ちゅうさつ》し、数百人を擢用《てきよう》した。楚の国民は大いに喜んだという。ちなみに、「鳴かず飛ばず」という成語は、そこからでた。

楚の荘王に関する故事をすこし変容させて、斉の威王にあてはめた、といえなくはない。

2　黄帝の出現

斉の威王が生きていたころに、記録を残した者がいたとすれば、つねに威王に随行していた史官がまず考えられる。

威王の時代から四十年ほどのちに、趙の恵文王《けいぶん》が秦の昭王《しょう》（昭襄王《しょうじょう》）と澠池《べんち》（メンチとも訓《よ》む）というところで会見することになった。酒宴がたけなわになったとき

昭王は、

「趙王は音楽を好むときいた。どうか瑟《しつ》を弾《ひ》いてもらいたい」

と、いった。瑟は二十五弦《げん》をもつ大型の琴である。やむなく恵文王は瑟を弾いた。

すると御史《ぎょし》（史官）がすすみでて、

「某《ぼう》年月日、秦王、趙王と会飲《かいいん》し、趙王をして瑟を鼓《こ》せしむ」

と、書いた。秦だけではなく各国の王にはそういう記録係が随行していたはずである。それはそれとして、恵文王が昭王のために瑟を演奏したことで、上下関係があきらかとなり、それが秦国の記録として残ってしまうのである。恵文王は不愉快であったにちがいない。そのとき恵文王を輔佐していた藺相如《りんしょうじょ》が、すすみでて、

「秦王はよく秦の歌をお歌いになるとうかがいました。どうか盆缻《ぼんふ》をさしあげますので、それを打って、歌っていただきたい」

と、いった。盆缻はかめの一種であると想えばよい。昭王は不機嫌に横をむいた。すると藺相如は、わたしと王とは五歩もはなれてはおりません、わたしの首の血が王にふりそそぐのを、おめにかけましょうか、とやんわり恫《おど》した。昭王の従者がそれに気づいて藺相如に斬りかかろうとしたが、一喝されてたじろいでしまった。やむなく

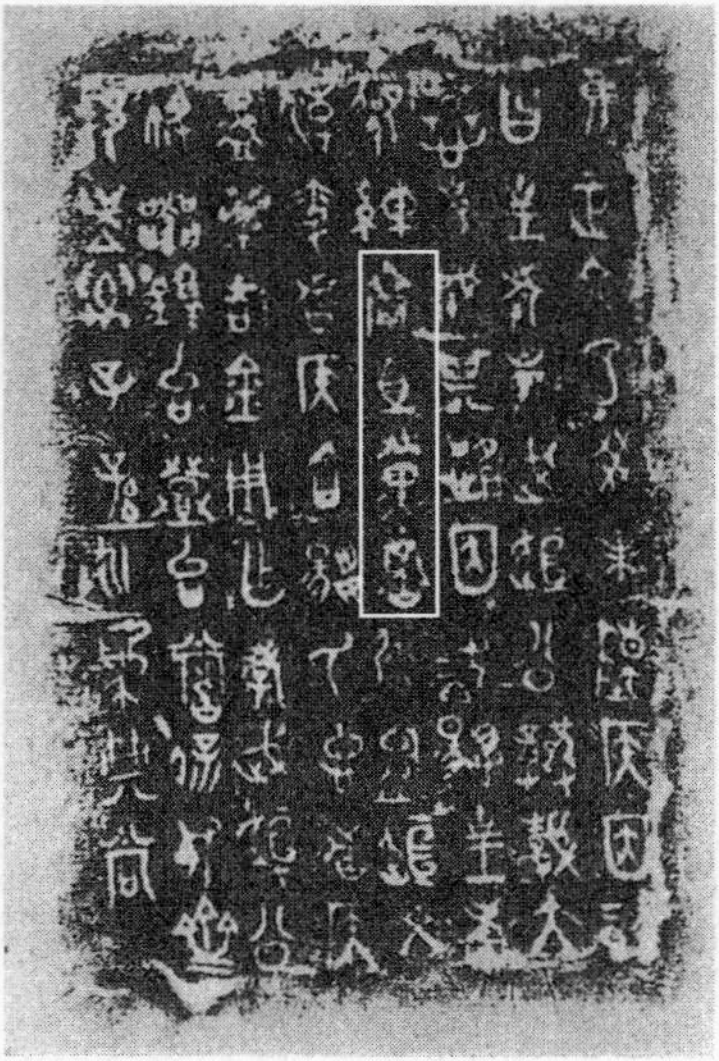

陳侯因斉敦に刻まれた「高且（祖）黄帝」の文字（『白川静著作集』「別巻・金文通釈4」より）

昭王は一回だけ缻を打った。すかさず藺相如は趙の御史を近寄らせて、

「某年月日、秦王、趙王のために缻を撃《う》つ」

と、書かせた。

すなわち趙の恵文王にも記録係が随従していたことがわかる。かれらが書き残した記録は、木簡《もっかん》や竹簡《ちくかん》の腐敗とともに消えてしまったが、その点、金属の器に刻まれた文字は消えない。いわゆる金文《きんぶん》のすばらしさである。

『白鶴《はくつる》美術館誌』の「第三八輯《しゅう》」（のちに『白川静著作集』「別巻・金文通釈4」（平凡社）に収められる）に、

「陳《ちん》侯因斉敦《たい》」

がある。敦とは、きびを盛る器である。白川静博士の訓釈に従えば、その敦に刻まれた文字のなかに、

「高祖黄帝《こうそこうてい》」

という語がある。この器は斉の威王である因斉が、父である桓公午《ご》の祭器として作ったもので、文の最初に、六月癸未《きび》とあるので、おそらく威王の二年のものであろうとしている。

上古の五人の聖王のことを、

「五帝」

と、呼ぶ。黄帝、帝顓頊《せんぎょく》、帝嚳《ていこく》、帝堯《ていぎょう》、帝舜《ていしゅん》、という五人がそれである。その順番がそのまま時代の古さを順位づけているようにみえる。斉王である田氏の室《いえ》の高祖すなわち遠い先祖は、黄帝である、といっている。さきの金文が偽作でないかぎり、斉王は黄帝の存在を信じていることになる。

ところが、『論語』のなかの孔子は、上古のなかの聖王として帝堯と帝舜の名を挙げても、黄帝の名を口にしなかった。あれほど故事にくわしい孔子が、黄帝を知らなかったのか。そんなはずはあるまい。そこで考えられることは、春秋時代の人々が知

っていた上古の聖王は、帝堯が上限であり、それより上は存在しなかったということである。

が、孔子よりあとの時代に、ほんとうに帝堯がもっとも古い聖王であるのか、と考える者たちが研究をすすめて、黄帝、帝顓頊、帝嚳、をつきとめた。もしかすると、捏造《ねつぞう》したのである。すなわち黄帝は、帝堯よりはるかに古い時代の聖王に位置づけされたものの、その出現は帝堯よりはるかに新しいものであったかもしれないのである。だが、斉王室はそういう聖王の系図があることを知って喜び、自家にとりいれた。なにしろこの室は、姜《きょう》姓の君主を弑《しい》し、簒奪《さんだつ》をおこなって成立したといううしろめたさをもっている。周王室の姓である姫《き》姓に負けない何かを欲していたところ、黄帝の存在を知ったのである。

「田氏は黄帝の裔孫《えいそん》である」

斉王はそう公言した。日本の徳川家が新田《にった》氏庶流の得川《とくがわ》氏の系図を自家にひきこんだことより規模が大きい。そういう架空の体系づけも、諸子百家《しょしひゃっか》の進運《しんうん》のなかでゆるされたのであろう。やがて黄帝の存在も、ひろく信じられるようになる。

黄帝の子孫を、帝嚳系と帝顓頊系というふたつに分けて、帝嚳系からは殷《いん》と周が生まれる。そこに田氏を組み込むと、あいかわらず姫姓をはばからなくてはならないので、田氏は帝顓頊系にはいらなければならなかった。帝顓頊系からは夏王朝の禹《う》王がでるが、田氏にとってもっとも重要な遠祖である帝舜も、帝顓頊の裔孫ということにした。つまり、春秋時代の末に滅んだ陳《ちん》の公室は、帝舜の子孫ということになっていた。陳から斉へ移住した田氏の遠祖も、帝舜であるが、その聖王よりはるか昔に黄帝の存在を定めることで、斉王は、いかなる諸侯をも、周王さえも、はばからずにすむようになったのである。

3　威王と恵王の宝問答

威王の名君ぶりをあらわす話は、まだある。

斉の威王の二年（紀元前三五五年）に、魏《ぎ》の恵《けい》王が斉に入国して、威王とともに郊《こう》で狩りをおこなった。

魏の恵王は名を罃《おう》といい、文侯の孫、武侯の子である。祖父と父のおかげで魏は盛栄をつづけていた。一年まえに、魯《ろ》、宋《そう》、衛《えい》、韓《かん》の君主が魏に入朝したことでもわかるように、このころが魏の絶頂期といってよく、恵王は天子きどりであった。しかしながら、もっとも栄えているときに衰退はきざすものであり、じつはすでに恵王は大魚を逸していた。恵王の父の武侯も、呉起《ごき》という大才を去らしてしまったが、呉起が亡命先の楚で斃《たお》れてくれたので、魏の患害《かんがい》にはならなかった。武侯はたまたま運がよかったというべきであり、呉起を殺した楚はみずからの昧《くら》さによって天下統一のきっかけを棄ててしまった。魏の栄えは、そういうあやうさを自覚せずに超えてきたところにある。今回も、魏はひとりの天才を去らした。が、恵王にはそういう自覚はなかったであろう。

公叔痤《こうしゅくざ》という魏の相《しょう》がいた。

かれが重病であるときいた恵王は見舞いに行った。そのとき、

「あなたが万一のときは、社稷《しゃしょく》をどうしたものであろうか」

と、問うた。社稷は国家と同義語である。公叔痤が亡くなったあと、たれに国の政治をまかせたらよいであろうか、ときいたのである。公叔痤の答えは意外なものであった。

「わたしのもとに御庶子《ぎょしょし》である公孫鞅《こうそんおう》という者がいます。どうか王よ、この者に国政をおこなわせてもらいたいのです。もしもそうなさらないのであれば、国境を越えて外にでることをおゆるしになってはなりません」

『戦国策《せんごくさく》』から引くとそうなるが、『史記』の「商君列伝《しょうくんれつでん》」では、描写はいっそうあざやかになる。まず、御庶子が中庶子《ちゅうしょし》となっている。御庶子が家令《かれい》であるとすれば、中庶子はその下の職である。病牀《びょうしょう》の公叔痤は公孫鞅を推挙したあと、人ばらいをして恵王に、

「もしも王が公孫鞅をお用いにならぬなら、かならずかれを殺し、国境からだしてはなりません」

と、いった。王が去ったあと公叔痤は公孫鞅を呼んで、

「われは王にこう申し上げた。われの死後になんじを用い、もしも用いることができなければ、殺すべし、と。王のごようすでは、なんじを用いることはない。なんじは殺されよう、すみやかに魏の国をでるがよい」

と、いった。が、公孫鞅はおどろかず、あわてもしなかった。

「あの王が、あなたさまの言を用いてわれを大臣に任ずることをしないのであれば、

どうして、殺すべし、というあなたさまの言だけを用いましょうか」

このみごとさは、叙事というより文学的創作である。『戦国策』には枕頭《ちんとう》でのふたりの対話はなく、病室をでた恵王が、

「なんと悲しいことではないか。公叔痤ほどの賢臣でも、あとの国政を公孫鞅にまかせよ、といった。病で、道理がわからなくなっているのであろう」

と、左右にいったことが記されている。さらに、公叔痤が死んだときいた公孫鞅は、葬儀が終わってから、西へむかい秦へ行った、とある。両書の主眼がちがうのである。司馬遷はわずかな文をくわえることで、人の諸相と深浅を描ききっている。一方『戦国策』は、道理がわからないのは、公叔痤でなく、恵王である、ということを強調している。道理がわからない者のわざわいは、ほんとうの道理を目前にしながら、そこには道理がないとしてしまうところからくる、と結論づけている。人を知るか、理を知るかのちがいである。

なにはともあれ、秦に入国した公孫鞅は、出身国が衛なので、

「衛鞅《えいおう》」

と、呼ばれ、秦を強くする者には、官位を高くして土地をさずけると公表した秦の

孝《こう》公に認められて、大改革にのりだした。最初の改革は「第一次変法」と呼ばれて、紀元前三五六年に実施された。

第一次変法の内容は、『史記』の「商君列伝」をみればわかる。それを箇条書きにしてみると、つぎのようになる。

一、国民を十戸、五戸というようにまとめ、たがいに監視させ、罪人がでたときは、連座させる。

二、悪事を通報しない者は、腰斬《ようざん》の刑に処し、悪事を通報した者には、敵の首を斬ったとおなじ賞を与え、悪事を匿《かく》した者には、敵に降伏したとおなじ罰を与える。

三、男子をふたり以上もっていながら、分家をおこなわない者には、賦税《ふぜい》を二倍とする。

四、軍功があった者は、それぞれの程度に応じて上の爵《しゃく》をうけ、私闘をおこなった者は、その軽重によって処罰される。

五、大人《おとな》と子どもは力をあわせて耕作と機織《はたお》りをおこない、それを本業とし、多くの粟《ぞく》と帛《きぬ》を生産した者は夫役《ぶやく》が免除される。商売で利鞘《りざや》をかせいだり、本業をおこたる者は、糾明《きゅうめい》して、官の奴隷とする。
六、君主の一門でも、軍功がなければ、調査して、公族の籍を除《のぞ》く。
以上が第一次変法の内容であり、この法令が公布されたあと、一年間に、不便《ふべん》になったと国都に訴えにきた者が数千人いた、というのもうなずける。厳しい内容である。なお、衛鞅が設けた級爵は、君主をのぞくすべての人に適用され、はるかのちの漢の制度も、その級爵を継承した。一級がもっとも低く、二十級がもっとも高い。

一級　公士《こうし》　(軍では卒)
二級　上造《じょうぞう》　(〃)
三級　簪裹《さんじょう》　(〃)
四級　不更《ふこう》　(〃)
五級　大夫《たいふ》　(軍では五十人長)
六級　官大夫《かんたいふ》　(軍では百人長)
七級　公大夫《こうたいふ》　(軍では五百人長)

八級　公乗《こうじょう》　（軍では千人長）
九級　五大夫《ごたいふ》　（軍では大将）
十級　左庶長《さしょちょう》　（〃）
十一級　右庶長《ゆうしょちょう》　（〃）
十二級　左更《さこう》　（〃）
十三級　中更《ちゅうこう》　（〃）
十四級　右更《ゆうこう》　（〃）
十五級　少良造《しょうりょうぞう》　（〃）
十六級　大良造《たいりょうぞう》　（〃）
十七級　駟車庶長《ししゃしょちょう》
十八級　大庶長《たいしょちょう》
十九級　関内侯《かんだいこう》
二十級　列侯《れっこう》（徹侯《てっこう》）

最上の列侯は、漢の武帝の諱《いみな》を避けた名称であるので、当然、漢以前は徹侯である。

兵車の模式図

その変法発布の年というのは、魏の恵王が斉の威王と会って狩りをした年の前年であり、まさかその改革によって強大になってくる秦に苦しめられることになろうとは恵王はおもっていない。

狩りが終わるころであろうか、恵王は自分の十二乗の車を飾っている多くの珠《しゅ》を自慢したくなり、威王にむかって、

「あなたもさぞや多くの宝をお持ちでしょうな」

と、いった。が、威王はそっけない。

「宝はありません」

「わが国は小さくても——」

と、恵王はいやみにみちた謙遜《けんそん》をしてから、馬車の前後を飾る珠を自慢した。宝をもたない隣国の君主にたいして、優越感を大いにおぼえたにちがいない。

この優越感が、

「あなたのような万乗《ばんじょう》の国の主が、宝をもたないことなど、ありましょうや」

と、恵王にいわせて、威王にいやがらせをした。万乗の国とは、よくもいったものである。万乗とは兵車一万乗のことであり、出師《すいし》の際に、その数の兵車をだせるのは、天子しかいない、というのが通念である。諸侯のなかで大きな国をもつ場合は、千乗、という兵車数を用い、千乗の国とは諸侯のなかの大国をいう。万乗は、周王しか指さない、というのが伝統的な考えかたである。恵王は自分の国を小国といい、威王の国を万乗の国といったのは、裏がえしの表現で、魏こそ万乗の国であると内心誇っていたのであろう。それゆえ威王には、あなたのような小国には宝はあるまい、とひそかに嗤《わら》ったのである。

するとと威王はこう答えた。

「わたしが宝とするのは、王とはちがいます。わたしの臣下に、檀子《たんし》という者がいます。南城を守らせています。その者がそこにいるせいで、楚《そ》は攻め込んでくることはできず、東にむかって攻略の兵をむけません。それゆえ泗水《しすい》のほとりの十二国の君主がみな来朝しました。またわたしの臣下に、肦子《はんし》という者がいます。高唐《こうとう》を守らせています。そのせいで、趙の民が東にやってきて河水《かすい》で漁をしなくなりました。さらにわたしの吏人《りじん》に黔夫《けんぷ》という者がいます。徐州《じょしゅう》（臨淄の西北にあった平舒《へいじょ》）を守らせています。すると燕《えん》の人々のなかで北門に祭り、趙の人々のなかで西門に祭って、祖国に別れを告げ、斉国に移住してきた家が七千余もあったのです。ほかには、わたしの臣下に、種首《しょうしゅ》という者がいます。盗賊にそなえさせたところ、道を歩く者が落ちている物を拾わなくなりました。この四人は、まさに千里を照らしています。十二乗の馬車だけを照らしているわけではありません」

それをきいた恵王は恥ずかしさをおぼえ、不機嫌に去った。

4　諸侯から王へ

即位した威王が九年間も政治をなおざりにしていたわけではない。かれの下には賢臣がならび、その英明ぶりを知って、他国からすぐれた頭脳が臨淄にながれこんだ。

斉の君主の室《いえ》を、王室と書かずに公室と書いたのは、常識的なことで、周王はおのれのみを王として、諸侯のたれにも王の称号を与えていなかったからである。たとえば魏の恵王が王と称しても、それは自称にすぎなかった。恵王はそれが不満であった。

楚王は周王のゆるしを得ずに、王と称しているではないか。やがて魏の国力が低下すると、恵王の独尊も力を失い、

――周王の認可を得ずに、王と称する方法がある。

と、気づいた。さっそく斉の威王に使いをだして、斉の徐州（臨淄の西南に位置し宋との国境に近い）で会見することにした。徐州はあとで薛《せつ》と名がかわる。恵王と威王は徐州で会った。威王の二十三年（紀元前三三四年）のことである。ここで恵王と威王はたがいに王号を称した。周王が認めなくても、相手国の君主が認めれば、この二国では王号が通用するのである。ここではじめて恵王と威王は他国に認められる王となった。このやりかたを知った諸国の君主があとでそれをまねる。周王不在の会で、続々と王が誕生することになる。どの国の君主が、いつ王となったかを、まとめてみたい。

紀元前三三四年　魏　恵王
紀元前三三四年　斉　威王
紀元前三二五年　秦　恵文王《けいぶん》

紀元前三二五年　韓　宣恵王《せんけい》
紀元前三二三年　趙　武霊王《ぶれい》
紀元前三二三年　燕　易王《えき》
紀元前三二三年　中山《ちゅうざん》　礨王《さく》
紀元前三一八年　宋　偃王《えん》

魏、韓、趙、燕、中山の君主が会うということが、紀元前三二三年にあった。そこで五人の君主がたがいに王と認めあった。が、『史記』の「秦本紀」によると、秦の恵文王の十三年（紀元前三二五年）に、

――韓もまた王となる。

と、あるので、韓の宣恵王が王となったのは、五君主が会った年よりまえの年とした。宋の君偃《くんえん》が王となったのは、自称である。

中国には王はふたりしかいなかったはずだ、とまず怒ったのは楚王であり、ついで中山のような小国の君主が王を称することに怒ったのが斉王であった。

第四章　斉の二大戦争

斉の長城（CPC）

1　鄒忌と田忌

威王に謁見して、たった三か月で相《しょう》の印綬《いんじゅ》をさずけられた者がいる。

「鄒忌《すうき》（騶忌《すうき》）」

である。かれは琴の名人として威王に謁見した。身長は八尺《せき》余（一八〇センチメートル以上）あって、その容貌《ようぼう》の美しさは比類がなく、威王は目を瞠《みは》った。琴を弾《ひ》かせてみると、なるほど巧《うま》い。

「わが宮室にとどまるがよい」

威王は鄒忌を琴の師とした。やがて威王が琴を弾くことがあった。それを客室できいていた鄒忌は、威王の室に行って戸を推《お》してなかにはいり、

「みごとです、その弾きかたは――」

と、称《ほ》めた。威王は諛言《ゆげん》を好まない。慍《むっ》と不機嫌になった。おもむろに琴をはなして、剣を執《と》った。

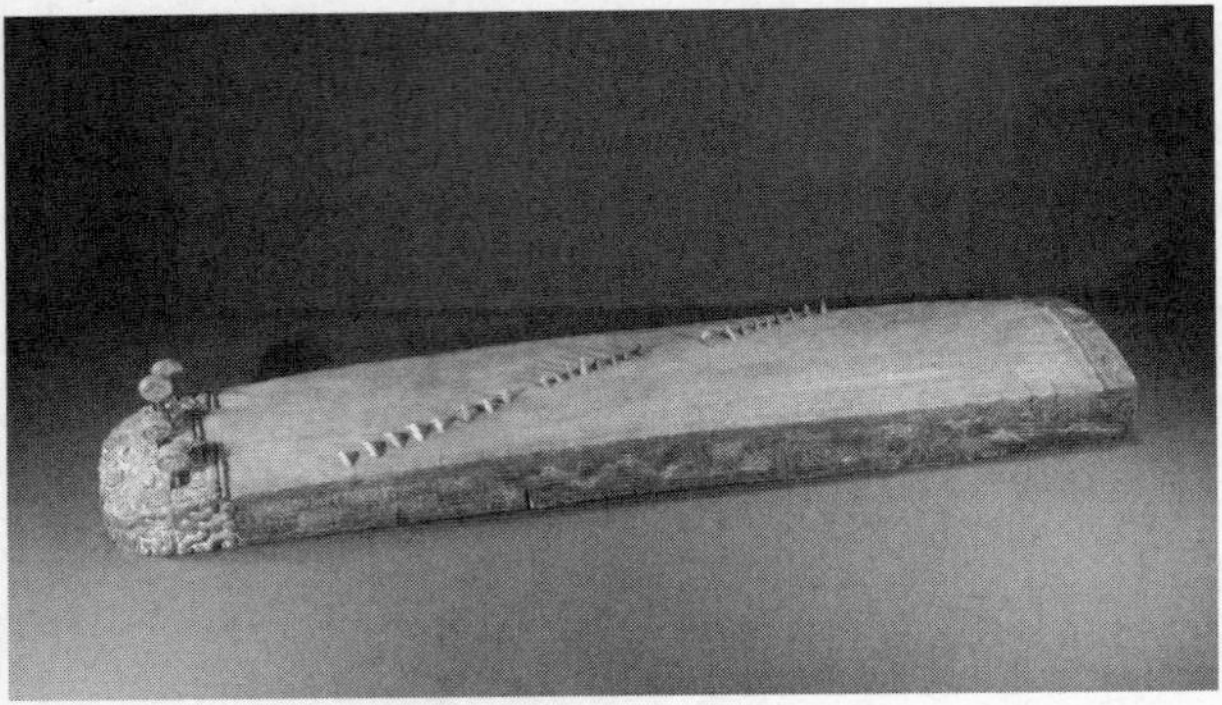

戦国初期の楚の曽侯乙墓の瑟（CPC）

「夫子《ふうし》（先生）は、琴を弾く容《かたち》をみたにすぎぬ。深いところを察してはおらぬはずだ。しかるに、みごとだといったのは、何を知ったからそういうのか」

いいかげんなことをいえば、斬《き》る、と威王は暗にいっている。だが、騶忌には胆力がある。この険しいけはいを恐れなかった。

「では、申しましょう。大弦《たいげん》が濁って春の温かさのようであるのは、君子であることをあらわしています。小弦が鋭くて急であり、澄んでいるのは、相であることをあらわしています。爪《つま》弾《び》けば深く、弦をはなせばやわらかい。それが政令です。琴の音がひとしく諧《ととの》って鳴り、大小の弦がたがいに良さをひきだし、相手を害さないのは四時（四季）のめぐりです。それゆえ、みごとだと申したのです」

威王は相好《そうごう》をくずした。

「みごとなものだな、音楽を語るのは——」

だが、鄒忌の才能は音楽だけに限定されなかった。

「国家を治め、人民を安んずることも、音楽をつかえばできるのです」

と、鄒忌は持論を展開した。これに感心した威王は三か月目には鄒忌を相とした。

政治とは調和がすべてであり、四時すなわち春夏秋冬のめぐりが狂わないことが善政であるという考えかたは、鄒忌だけのものではない。政治が悪いと気候に異変が生ずる、と信じていた人は多かったはずである。それはそれとして、春秋時代に君主に琴を教える者がいたとすれば、かれらはかならず盲目《もうもく》であった。みずから目を潰《つぶ》したのである。かれらのなかには君主に音楽をささげるだけではない能力をもった者がいた。晋《しん》の悼《とう》公と平《へい》公に仕えた師曠《しこう》がそれであった。師曠には特別な能力があり、音あるいは歌をきいて、占いをおこなうことができた。さらに上代についての知識を豊富にもち、

——君主とは、どうあるべきか。

という理念をもっていた。それゆえ衛《えい》の国で君主と大臣が争い、君主が出国するという事態が生じたとき、それについて悼公に問われると、

「衛の君主のほうが悪いのかもしれません」

と、述べ、正しい政治をおこなっているかぎり、君主が天と民に棄てられることはぜったいにない、と強調した。后土《こうど》とは地の神をいうが、その后土と諸侯が同義語であるときがあった。要するに諸国の君主の神聖さは、なんぴとにも犯されない貴さをもっていたが、春秋時代になるとその神格《しんかく》が貶《お》ちた。君主を支えるのは天地の神ではなく、人である、とおもわれるようになった。天地の神の意思が人に反映される、といったほうがよいであろうか。それゆえ追放された衛の君主は、天地の神に棄てられたのである。これは一種の革命思想で、周《しゅう》王にかわって天下に号令をくだしていた晋の君主を、思想的に助けるものであった。この思想は、民意こそ天意であるとする孟子《もうし》の思想の先駆をなすものである。

話がわき道にそれてしまった。とにかく鄒忌は琴の師であったにもかかわらず、盲目ではなかった。ここには春秋と戦国のちがいがある。鄒忌はおのれの容姿の美しさを充分に自覚しており、ナルシストであったといってもよい。

出仕するときは正装してから鏡をみるのがつねであった。妻には、

「われと城北の徐《じょ》公とでは、どちらが美しいであろうか」

と、かならずきいた。妻はきまって、

「あなたさまの美しさははなはだしいもので、とても徐公が及ぶところではございません」

と、答えた。斉《せい》では、鄒忌と城北の徐公が当時最高の美男子であった。

――あのような者が、わが国の相か。

と、内心、鄒忌を睨《にら》んでいたのが、田忌《でんき》である。田忌は斉の将軍であり、琴の師から成り上がった鄒忌を毛嫌いした。田忌は策謀を好まないまっすぐな気象《きしょう》の人であり、その点、斉の全軍を指揮するにはものたりなさがあったといえるであろうか。鄒忌は相となってほどなく、下邳《かひ》という邑をさずけられて、

「成侯《せいこう》」

と、呼ばれるようになった。鄒忌は封建されたということである。国をもったということでもある。ますます田忌には気にいらなかった。が、鄒忌から田忌をみれば、

――なんら大功を樹《た》てておらず、あの庸器《ようき》で将軍の職にとどまっているのは、王の

ご温情のおかげである。

と、なる。そういう田忌に、ひとりの天才兵法家がころがりこんでくる。このことで、魏《ぎ》と斉の軍事力の上下がいれかわるのである。

2　孫臏の兵法

一九七二年の四月に、中国の山東省臨沂《りんぎ》銀雀《ぎんじゃく》山漢墓から発見されたもののなかに、『孫臏兵法《そんぴんへいほう》』があった。兵法書のなかで最高といわれる『孫子《そんし》』の著者は、春秋時代の呉《ご》の孫武《そんぶ》であるといわれるが、あるいは孫武の裔孫《えいそん》である孫臏が書いたものではないか、という疑いも消えずにいた。『孫臏兵法』が発見されたことで、『孫子』の著者は孫臏ではないとわかったが、孫武であると断定するわけにもいかないようである。私のかってな想像では、呉の将軍となって呉王の覇業を佐《たす》けた孫武は、孫氏という家系のなかに出現した偉人であり、その思想と言動をかれの子孫と弟子にあたる人々が記録して編《へん》纂《さん》してゆくものではあるまいか。その軍事研究が孫武の子孫を中心とする、「兵家《へいか》」を建て、弟子を集めて教授をおこなう家業を成り立たせた。孫臏はそういう家系にあって中興の祖となった。とにかく『孫臏兵法』は日本でも訳本（金谷《かなや》治《おさむ》訳・東方書店）がでたので、私はさっそく買って読んだが、これがむるいにおもしろかった。『孫子』は抽象的であるが、『孫臏兵法』は具体的である。

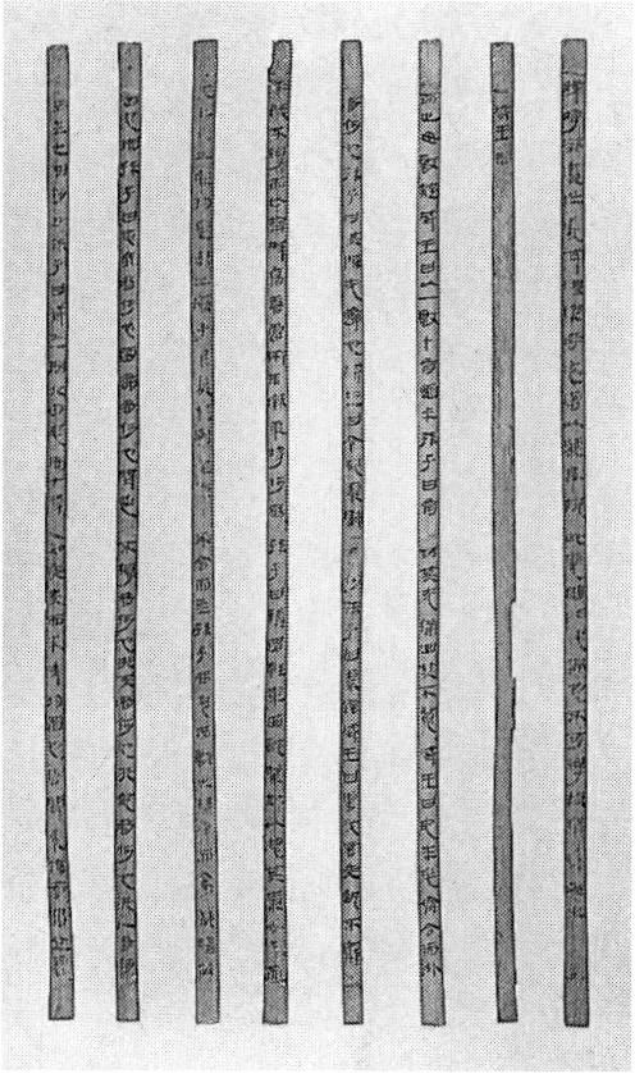

『孫臏兵法』（山東省銀雀山漢墓出土。CPC）

さて、『史記』の「孫子《そんし》呉起《ごき》列伝」によると、孫臏は阿《あ》と鄄《けん》のあいだで生まれたとある。威王に呼びつけられて職務怠慢をとがめられ、烹殺《にころ》された大夫が治めていた邑が、阿であった。斉の首都からは遠い地である。ということは趙《ちょう》や魏などに近いということであり、斉だけではなく他国の者をも集めて、兵法を教える家に生まれたのが孫臏であろう。ただし『史記』には、

――孫臏かつて龐涓《ほうけん》とともに兵法を学ぶ。

と、あり、孫臏が兵法を学んだのは、かれの父ではないような書きかたである。だが、孫臏がどこかに遊学して、たまたま学友のなかに魏の龐涓がいたというよりは、龐涓が兵法を学びに孫臏の家にきて、孫臏とともに学んだという風景を想いたい。

卒業した龐涓は、魏に帰って、恵王《けいおう》に仕えた。

それから歳月が経《た》ち、あるとき、恵王に重用されはじめた龐涓から使いがきた。

「魏へきませんか」

と、いうのである。兵法教授を家業とする孫臏に弟子は多くなかったのであろう。あるいは父がまだ生きていて、他国へでかけるのに支障がなかったのであろう。『史記』では、その使いを発した時点で、龐涓に害意《がいい》があったように書かれているが、おそらくそうではなく、恵王に孫臏を推挙するために招いたのである。

ところが魏に入国した孫臏は、捕らえられて、足切りの刑に処せられ、罪人のあかしである黥《げい》（いれ墨の刑）までされた。ちなみに臏《ひん》というのが足切りの刑のことで、

これがかれの本名をかくしてしまい、のちの人々はみなかれを孫臏と呼ぶようになった。

——何があったのか。

司馬遷の説述《せつじゅつ》では、龐涓が孫臏の才能をねたみ、いまのうちに処刑してしまえばおのれの昇進のさまたげにならないと謀《はか》った、というのである。だが、足切りの刑は国家がおこなうものであり、私刑ではない。魏の法に孫臏がふれなければ、そのような処罰をされるはずがない。龐涓が孫臏をおとしいれたのが事実であったにせよ、別の理由がなければならない。それについて『孫臏兵法』は何もいっていない。すると孫臏と龐涓の関係は、司馬遷の創作ということになるのであろうか。龐涓とは無関係の孫臏が、魏へ行って犯罪にまきこまれてしまった、というのでは、ドラマにならない。ただし足切りの刑は、両足を切断するのではなく、筋《すじ》を切るというものであるらしい。とにかく、そこには孫臏を魏の外にださないという司法側の意思が感じられる。

孫臏は単身で魏へ行ったわけではなく、弟子などを従えていたはずである。それら従者は、孫臏が逮捕されたとき、捕吏《ほり》の手がおよばないところにいったんは逃げたであろう。その後、状況をうかがいながら、孫臏のもとにもどってきたとおもわれるが、歩行ができなくなった師をみて、絶望した。

——これでは帰国することができない。

孫臏自身も国外へでることのむずかしさを痛感していた。こういうときに、この主従はひとつの奇想を産みだした。

「斉王の使者が大梁《たいりょう》にきた」

孫臏の従者がもたらした報《しら》せに、おそらく孫臏が反応した。国外脱出は容易ならぬことであるが、斉王の使者の従者となれば、やすやすと関所を通過することができる。そう考えた孫臏は従者をつかって斉王の使者に密《ひそ》かに会って、事情を語った。この使者はなみなみならぬ見識をもっており、孫臏の兵法に関心をもった。

——斉へつれ帰ってやろう。

そう決めた使者は、恵王に謁見し、大臣たちとの会談を終えると、孫臏をおのれの馬車にかくして、国境を越えた。それにしても、魏の恵王という人は、ここでも歴史を変えるほどの天才を、他国へ去らしたのである。不明とは、この王をいうのであろう。

臨淄に近づいた使者は、

――孫臏をたれにあずけようか。

と、一考し、鄒忌ではなく田忌にあずけることにした。孫臏が兵法家であるから、将軍の田忌が関心をもってくれるであろう、という発想であるが、この使者はたぶん田忌に同情をもっていた。

威王への復命を終えた使者は、魏でのいきさつを田忌に語《つ》げて、孫臏をあずけた。が、田忌は孫臏を尊重しなかった。もともと田忌は兵法を侮蔑《ぶべつ》していた。戦場では勇将と勁兵《けいへい》がいれば勝つ。兵法は抽象論であり、実戦では何の役にも立たない。田忌はそうおもっている。

客として田忌に養われている孫臏は、そういう田忌の心事《しんじ》を察して、

――兵法のすごみをみせておくか。

と、考え、

「馳逐《ちちく》があるでしょう。わたしをつれていってもらいたい。将軍に福を献ずることができます」

と、いった。馳逐は、競馬である。田忌は斉王や公子たちと賭《か》けをおこなう。その競馬が開催される日に、田忌は孫臏を帯同《たいどう》した。

出走予定の田忌の馬と、王と公子たちの馬を観《み》た孫臏は、
「将軍は篤《あつ》く賭けてかまいません。かならず将軍を勝たせてみせます」
と、断言した。
「ほう……」
その自信に煽《あお》られた田忌は千金を賭けた。競走は三回あり、田忌の馬は、一回は負けたが、あとの二回は勝った。それゆえ威王の賭け金である千金を田忌が得た。上機嫌の田忌に、孫臏は、
「馬が強ければ、かならず勝つというわけでもなく、あの三回はたまたま一回負けて、たまたま二回勝ったわけでもありません」
と、おしえた。馬が、戦場に臨《のぞ》んだ将士だと想えばよい。それに気づいた田忌は、はじめて孫臏の説諭《せつゆ》に耳をかたむけた。すなわち、こうである。孫臏はあらかじめ田忌の馬を上・中・下にわけた。威王と公子たちの馬もそのようにわけておき、
田忌の下の馬を、相手の上の馬に、
田忌の上の馬を、相手の中の馬に、
田忌の中の馬を、相手の下の馬に、

という順番で出走させた。たとえば田忌の上の馬を相手の上の馬にぶつけると、全敗したかもしれない。孫臏が定めた順番では、一敗して二勝することができる。実際の戦いでも、同様なことが生ずる。

——これが兵法というものです。

孫臏にそういわれなくても、大いに感心した田忌は、容《かたち》を改めて、兵法について孫臏に問い、その異才を認識した。それゆえさっそく威王に推挙した。

3　桂陵の戦い

『孫臏兵法』には、孫臏と田忌との問答および孫臏と威王との問答が載《の》せられている。兵法書は問答形式が多く、たとえば太公望《たいこうぼう》の兵法書であるといわれる『六韜《りくとう》』も同様の形式である。そう想うと、対話の形式を採《と》らない『孫子』は、やはり独特の兵法書である。

それはさておき、威王は孫臏の異能を認めた。やがてこの異能が発揮されるときがくる。

威王の四年（紀元前三五三年）に、魏の恵王は軍旅を催して、趙の首都である邯鄲《かんたん》を攻めた。趙の君主である成侯《せい》は急使を発して、斉の威王に救いを求めた。さっそく威王は重臣たちを集めて、

「どうすべきか」

と、諮《はか》った。鄒忌は、知《し》れたこと、といわんばかりの貌《かお》で、

「救う勿《な》きに如《し》かず」

と、答えた。たれが考えても、そうである。斉は趙とは敵対しており、魏とは和親している。趙を救う理由はない。だがここで、段干綸《だんかんりん》（『史記』では段干朋《だんかんほう》）という者が、

「もしも趙を救わなければ、わが国に利がなくなってしまいます」

と、発言した。

「なにゆえであるか」

この威王の問いにたいして、段干綸は、

「魏が邯鄲を落として趙を併呑《へいどん》するようになれば、どこに斉の利がありましょうや」

と、述べた。巨大になった魏に、斉は圧迫されるだけになってしまう。そういう未来を望まないのは威王もおなじであったので、

「善《よ》し、邯鄲を救うこととする」

と、決定した。しかしながら、威王は悩んだはずである。この時期に、天下最強の兵は、魏と楚《そ》のそれであり、斉軍が魏軍と戦って勝てるとはおもわれない。しかもこれで斉と魏の和親がこわれ、威王は恵王に敵視される。斉は魏軍の猛威にさらされるのに、ほかの国に援助を請《こ》うことができない。斉は春秋時代から楚とはうまくいっておらず、趙は魏に攻められて悲鳴をあげるような国である。それでも、魏に対抗する、と決めたのは威王の自尊心であろう。

――このむずかしい戦いを、まかせられるのは、たれか。

威王の脳裡《のうり》に浮かんだ名は、孫臏である。

そこで威王は孫臏を将軍に任命した。が、孫臏は、

「われは刑余《けいよ》の者です。将軍にはなれません」

と、辞退した。やむなく威王は田忌を将帥《しょうすい》とし、孫臏を軍師として、邯鄲にむかわせることとした。この軍はすぐには出発しなかった。魏軍が邯鄲攻撃に力をつかい

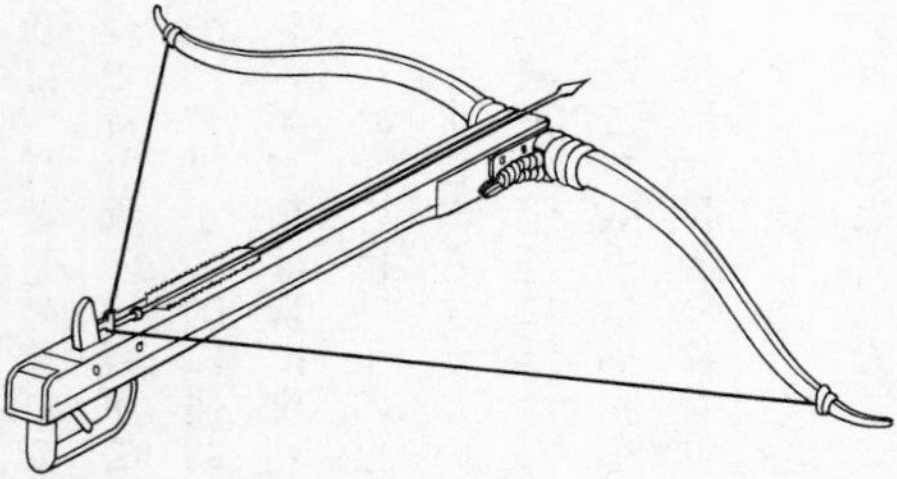

弩の模式図

きることを待っていたといえるが、孫臏が軍の編成を改めて、弩《ど》の数をいちじるしく増やすということをした。弩は引《ひ》き金《がね》をもった弓で、従来の弓とはちがって射術の優劣の差が大きくない。従来の弓は弦《げん》を手でひくが、弩の弦は強く、手ではひけないので、足でひく。そのため車上あるいは馬上でつかうのは至難である。兵車戦または騎馬戦では多数の馬が必要であり、馬の産地が北にかたよっている実状では、斉はかねて馬の入手に苦しんできた。また鉄は楚ににぎられており、すぐれた武器をもつ楚軍にもつねに斉軍は劣勢である。それゆえ斉兵は弱い、と諸国の兵にあなどられている。魏や楚の兵とくらべて体力の点でも劣る斉兵を、戦場に立たせて、逃げ腰にならないようにさせるために、弩を充実させた。この軍制改革を、むろん魏は知らない。

ようやく斉軍は臨淄をでた。

趙の邯鄲へむかうには、ほぼまっすぐに西進すればよい。ところが途中で孫臏が奇妙なことをいった。

「もつれた糸を解くには強くひっぱったりせず、闘いをやめさせるには自分でなぐりかからない。相手の亢《たか》ぶりを避け、虚《きょ》を衝《つ》き、形勢がいれかわれば相手の勢いを禁ずることができ、おのずから解けます。そうしましょう」

最初、田忌は孫臏が何をいっているのかがわからなかった。が、この兵法はまさに天才的で、後世、模倣者が続出する。あえていえば、相手の虚を衝くことによって、虚を実《じつ》にかえる術である。具体的には、こういうことである。

邯鄲を助けよ、と威王に命じられたかぎり、邯鄲にむかうのが当然のようにみえるが、それは闘いをやめさせるために、なぐりかかることにひとしい。いま魏軍は全力で邯鄲を陥落させようとしている。すると首都の大梁には老人と女、子どもしかいない。田忌は軍を率いて大梁を攻めればよい。それが虚を衝くということである。邯鄲を囲んでいる魏軍はそれをきいて、いそいで大梁を救うべく帰ってくるであろう。それで包囲は解けたことになる。

「なるほど」

田忌は軍頭を西南にむかせて大梁を攻めた。それを知った魏軍は猛攻撃によって邯鄲を落とし、成侯の降伏をみとどけるまもなく、大梁へむかっていそいだ。が、田忌はすでに軍を東北へ移動させ、濮水《ぼくすい》のほとりの桂陵《けいりょう》（桂陽《けいよう》）で待機し、いそぎにいそいでいる魏軍に襲いかかって大勝を得た。これを、

「桂陵の戦い」

と、呼び、孫臏兵法の真髄をみることができる。

4　馬陵の戦い

桂陵の戦いがあってから、魏は斉を敵視し、外交を転換した。軍事的に強大になってきたのは、斉だけではない。西方の秦《しん》が魏にとって脅威になってきた。それゆえ秦との国境に長城を築いた。このあと斉も長城を築くので、各国の国境には長城がそびえるようになった。戦国時代の風景の特徴のひとつは、長城の風景である。

斉の威王の十五年（紀元前三四二年）に、魏が韓《かん》を攻めた。

韓は二年前に首都の東南にある馬陵《ばりょう》というところで、魏と戦って敗《やぶ》れた。ふたたび魏に攻められたのである。韓は秦との関係を深めているので、秦に援助を求めたはずであるが、斉にも使者を送った。またしても威王は応諾《おうだく》して、救援の軍を発することにした。

斉軍は大梁に直行した。将師は田忌であり、軍師は孫臏である。

韓を攻めていた将軍の龐涓《ほうけん》は、斉軍の動向を知るや、攻撃をやめて、

——斉軍を潰滅《かいめつ》させてやる。

と、意気込んだ。軍をかえしたのである。大梁を通過してから孫臏は田忌にこういった。

「三晋の兵は、もともと悍勇《かんゆう》であり、斉兵を軽んじてきました。斉兵を怯懦《きょうだ》であるとさえいっています。そこで考えがあるのです」

斉兵にかぎらず、どこの国の兵も夕食時に竈《かまど》を自分で造る。十万の兵がいれば、十万の竈ができる。田忌は、その夕《よる》はそのままかれらに造らせたが、つぎの夕はわざと数をへらして五万の竈にした。さらにつぎの夕は三万の竈にした。

斉軍を追っている龐涓は斉兵が造った竈の跡をみて兵力を量《はか》ったが、急に竈の数が

へったことに喜んだ。

——大量の脱走兵がでた。

怯懦の斉兵は敵地に深く踏み込んだため、恐怖をおぼえて逃げ帰る者が続出している、と龐涓は想った。痩《や》せ細ってゆく斉軍が相手であれば、歩兵は要《い》らない、と考えた龐涓は、騎兵だけで追跡することにした。馬で追えばやすやすと追いつく。

一方、孫臏は、龐涓が追ってくることを知り、あの竈の跡をみれば歩兵を棄てたにちがいない、と推定して、胸のなかで龐涓の行程を計算していた。

——今日の暮れには到着する。

斉軍をとどめた地が、馬陵である。ただしこの馬陵が韓の首都から遠くない馬陵であるとは断定することができない。馬陵という地名はほかにもある。孫臏は田忌に、

「馬陵は道が狭く、兵を隠すにはよい地形です」

と、いい、道の左右に一万の弩を伏せさせた。それから大樹をけずって、白いところに、

「龐涓、此《こ》の樹の下に死せん」

と、書いた。弩をもった兵には、日が暮れるころに、火をみたら、それにめがけて

いっせいに矢を放て、と命じておいた。はたして日没後、魏の騎兵が馬陵に到着した。大樹の下に到《いた》った龐涓は、文字をみつけたが、暗くて読めないので、火を鑽《き》って照らしてみた。当時、たやすく発火する木片があったのである。龐涓がその文字をすべて読み終えないうちに、一万の矢が発射されていた。魏の騎兵は大混乱となり、進むことも退くこともできなくなった龐涓は、

「ついに豎子《じゅし》に名を成《な》さしめたな」

と、いい、自殺した。豎子は、日本的には小僧という語におきかえることができる。

このあと斉軍は、魏軍の主力を率いていた恵王の嫡子、すなわち太子申《しん》を襲って殺し、十万という魏軍をくつがえした。恵王は、将兵ばかりではなく、たいせつなあとつぎをも喪《うしな》ったのである。

第五章　孟嘗君の誕生と父　靖郭君

薛国故城（写真・藤田勝久）

1　威王と靖郭君田嬰

斉《せい》国は威《い》王という英主のおかげで雄国となった。

さきに威王は孟嘗君《もうしょうくん》の父の兄である、と書いた。が、『史記』の「孟嘗君列伝」には、

孟嘗君、名は文《ぶん》、姓は田氏。文の父を靖郭君田嬰《せいかくくんでんえい》と曰《い》う。田嬰は、斉の威王の少子《しょうし》にして、斉の宣《せん》王の庶弟《しょてい》なり。

と、はっきりと記されている。すなわち孟嘗君は田文といって、靖郭君田嬰の子である。田嬰は威王の末子で、宣王（辟彊《へききょう》）の腹ちがいの弟である。そういうことになる。宣王が威王の長男であるとは『史記』に明記されていないが、靖郭君よりかなり年齢が上であるとおもわれる。ちなみに宣王の嫡子を湣《びん》王地《ち》という。ここでそれら

のことを系図としてまとめてみる。

威王因斉《いんせい》─┬─宣王辟彊──湣王地
　　　　　　└─靖郭君田嬰──孟嘗君田文

これをみるかぎり、威王は孟嘗君の父の兄（伯父）ではなく、父の兄の父すなわち祖父である。『史記』だけを読み、『戦国策』を読まなければ、その系図に不備はないようにみえる。しかし『戦国策』につぎのような話があるのである。

靖郭君には多くの食客《しょっかく》があり、かれらのなかで斉貌弁《せいぼうべん》という者に好感をいだいていた。ところが斉貌弁はくせの多い人物で、ほかの食客たちはかれを嫌っていた。士《し》尉《い》という食客が、斉貌弁を信用なさるのはどうかとおもわれます、と靖郭君を諫《いさ》めた。が、靖郭君はとりあわない。そこで士尉は去った。それをみていた孟嘗君は、斉貌弁ひとりのために多くの食客が去って行ってしまう、と心配して、ひそかに父を諫めた。すると靖郭君は激怒した、

「なんじの親類縁者を滅ぼし、わが家が破滅しても、斉貌弁を満足させるためであれば、われは何でもやるぞ」

そういって孟嘗君をしりぞけた靖郭君は、斉貌弁を最上の舎《いえ》に住まわせ、長男を斉貌弁に仕えさせ、朝夕に食事をすすめさせた。それほどの厚遇を数年間つづけていると、威王が薨《こう》じて、宣王が立った。ところが宣王と靖郭君は、きわめて仲が悪かった。それゆえ、威王の政治を輔《たす》けてきた靖郭君は、首都の臨淄《りんし》をあとにして封地である薛《せつ》へ行った。斉貌弁も同行した。到着するとほどなく、

「臨淄へもどって、王に謁見したい」

と、斉貌弁がいった。靖郭君は眉をひそめた。

「王はわれを嫌っている。あなたが往《ゆ》けば、かならず殺される」

「もとより生きのびたいとはおもっていない。どうか往かせてもらいたい」

止めてもむだである。斉貌弁は出発した。

宣王は斉貌弁がきたときいて、怒りをこらえて待っていた。やがて斉貌弁が謁見した。宣王の問いはけわしい。

「あなたは靖郭君に愛され、あなたの意見はことごとく容《い》れられるそうだが……」

「たしかに愛されてはいます。しかし、わが意見がことごとく採用になったわけではありません」

「ふむ……」

宣王は斉貌弁を睨《にら》んでいる。

「王が太子であられたとき、わたしは靖郭君にこう申しました。太子の人相には仁《じん》がない。頤《あご》は大きすぎるし、目容《もくよう》に落ち着きがない。このような者は人を裏切るものである。いまからでも遅くはない、太子を廃して、衛姫《えいき》が産んだ子の郊師《こうし》をお立てになるべきである」

宣王はますます烈しく斉貌弁を睨んだ。

「すると靖郭君は、泣いて、だめだ、とてもそのようなことはできぬ、といいました。もしもそのときに、わが意見を採用すれば、靖郭君に今日の患《わざわ》いはなかったのです。また、靖郭君が薛に到着すると、楚《そ》の大臣である昭陽《しょうよう》から、数倍の広さの地と薛をとりかえよう、という申し出がありました。わたしは、お承《う》けなさるべきである、と申しました。ところが靖郭君は、薛は先王からさずけられた地である、たとえいまの王とうまくいっていなくても、薛を楚に渡せば、先王への申し開きが立たぬ、先王の廟《びょう》は薛にもある、どうしてわれが先王の廟を楚に与えることができようか、といいました。以上のように、わが意見は、ふたつも採用されなかったのです」

斉貌弁が語り終えると、すっかり宣王のけはいが変わっていた。大きくため息をついた宣王は、怒りを忘れた顔色で、

「靖郭君はわれをそれほどおもってくれていたのか。われは若かったので、そのことをすこしも知らなかった。どうであろう、客人よ、われのために靖郭君を臨淄にこさせることができようか」

と、いった。斉貌弁は答えた。

「つつしんでおひきうけします」

やがて靖郭君は威王からたまわった衣冠《いかん》をつけ、剣を帯びて、臨淄に上った。宣王はみずから郊《こう》に出迎え、靖郭君の姿があまりに父に肖《に》ていたので泣いた。それから宣王は、近くまできた靖郭君に、

「相《しょう》になってくれまいか」

と、たのんだ。靖郭君は辞退したが、やむなく承諾した。が、七日目に病《やまい》を理由に辞去しようとした。それもゆるされなかったが、ようやく三日ほどあとにゆるされた。

そういう話である。

靖郭君が威王の子で、宣王の弟であれば、成り立たない話である。靖郭君が威王の弟で、宣王の叔父でなければなるまい。すると『戦国策』は、

威王因斉──宣王辟彊──湣王地
└靖郭君田嬰──孟嘗君田文

という系図を指していることになる。

2　田嬰の功績

斉の威王の政治を輔佐する重臣のなかで、田嬰が頭角をあらわしたのは、馬陵《ばりょう》の戦いがあったころである。

魏《ぎ》の恵《けい》王は馬陵の戦いで十万の軍が覆滅《ふくめつ》され、太子申《しん》まで殺されたことを知って、

悲嘆にくれた。謀臣の恵施《けいし》を呼び寄せた恵王は、

「斉はわれの仇である。この怨《うら》みは、死ぬまで忘れぬ。わが国は大きくないが、すべての兵を起こして斉を攻めたい」

と、いい、この怜悧《れいり》な臣の意見を求めた。

恵施は歴史的にも有名になるが、その名が不朽になったのは『荘子《そうじ》』という哲学書による。『荘子』は宋《そう》の荘周《そうしゅう》の思想を著《あらわ》したものであるが、恵施は荘周と深交《しんこう》があった。

ふたりの対話はその書物のなかのあちこちに散見するが、最初から読んでゆくと、はやくも第一章の「逍遥遊《しょうようゆう》篇」に恵子《けいし》の名をみつけることができる。その恵子というのが、恵施なのである。

恵子が荘子につぎのようにいった。

「魏王がわれに大瓠《おおひさご》の種を貽《おく》ってくれた。われはそれを植えて育てたところ、五石《せき》の大きさの実がなった。そこに水などをいれると、とても重くてもちあげることができない。割って、瓢杓《ひさごびしゃく》としてつかおうとしたら、ひらたいので水をうまくすくえない。大きいだけで何の役にもたたぬので、こわしてしまった」

ほんとうに魏の恵王から大瓠の種を恵施がもらったかもしれないと想うと、よけいにおもしろい。それにたいして荘子が、

「あなたはほんとうに大きなものを用いるのがへただ。五石もの瓠があったのなら、それで大樽《おおだる》を作って、大きな川や湖に浮かぶことを考えずに、水をすくえないと嘆くのは、あなたの心があいかわらずとらわれているからだ」

みごとな論述であるといわねばなるまい。ここで恵子を嗤《わら》った人も、実生活では恵子を嗤えないようなことをやっているかもしれないのである。恵施は読書家で、その蔵書は車五乗分あった。かれの思想はのちに、

「名家《めいか》」

のなかに置かれる。名とは、名称のことで、それと実体との関係を説く学派が名家である。修辞ということが注目されたのは、春秋時代の子産《しさん》の発言からであろうが、戦国時代になるとますます言語が重視されるようになった。さきの大瓠とちがって、言語は役に立つ道具となったのである。それゆえ言語は実体からはなれて、独り歩きをするようになった。その端的な例が、おなじ名家である公孫龍《こうそんりょう》（コウソンリュウとも訓まれる）の、

「白馬は馬にあらず」

である。それについては、あとで述べることとする。いまは魏の恵王と恵施である。

国を挙げて斉に復讎《ふくしゅう》したいといった恵王を恵施は諫止《かんし》した。

「そのようなことをなさってはなりません。王者は度《ど》を得て、覇者は計《けい》を知る、と申します。いま王が仰せになったことは、度にうとくて、計からは遠いのです。わが国には防衛の備えがないのに、王はすべての兵を起こして斉を攻めようとなさっています。もしも王が斉に報復なさるのであれば、服を替《か》え、節《せつ》を折って、斉に入朝なさるのがよいです。それを知れば、楚王がかならず怒ります。王は楚に人をお遣《や》りになって、両者を闘わせるようにするのです。楚はかならず斉を伐《う》ちます。兵をやすませていた楚が、疲労した兵しかいない斉を伐てば、斉王は楚の捕虜になります。王は楚をつかって斉を破滅させることができるのです」

魏は一兵もつかわずに斉を滅亡させることができる。良策である、と喜んだ恵王は、さっそく楚と斉に使者をだした。この使者に応対したのが田嬰である。ただしかれはまだ靖郭君とは称していない。

「魏王がわが国に入朝なさるのですか」

これを取り次いだだけでも、功績となる。田嬰は異存のないことを使者につたえ、さっそく威王に報告しようとした。そのとき威王の客のひとりである張丑《ちょうちゅう》に止められた。張丑はいまは威王の顧問であるが、もとは田嬰の食客であった。かれはこう田嬰に説いた。斉が魏に勝たないで、魏と和睦《わぼく》し、ともに楚にあたるのであればよいが、魏に大勝したあとに魏王を入朝させれば、秦《しん》や楚などの国をみくだしたことになる。楚王は兵を用いることを好み、名声にこだわる性質なので、かならず斉の患《わざわ》いとなる。これが国際感覚というものであろう。張丑は論客のなかで一流であった。だが、田嬰は威王のゆるしを得て、魏の恵王を入朝させることにした。さらに徐州《じょしゅう》における会見では、恵王が威王を尊んで、さきに王と呼び、それに応《こた》えて威王が恵王を王と呼んだ。まえに述べたように、このとき中華に、周王と楚王のほかにふたりの王が誕生したのである。

楚の威王が激怒したことはいうまでもない。斉王も威王、楚王も威王なので、まぎらわしいが、楚の威王は熊商《ゆうしょう》という姓名である。諡号《しごう》が他国の君主とおなじになるのはよくあることである。歴史家は各国の君主の氏名を書かずに諡号を書く。実名を書くのは失礼であるという意識がかれらにはある。また、実名がわからず、諡号しか残っていない君主もいるからである。

とにかく楚の威王は、軍旅を催して北上し、徐州で斉軍を大破し、将軍の申縛《しんてん》を敗走させた。そのあと徐州を包囲して、

「田嬰を追放すれば、引き揚げぬでもない」

と、使者を遣って斉の威王を恫《おど》した。田嬰は窮地に立った。またしても田嬰の眼前にあらわれたのは張丑である。

「ご憂慮にはおよびません。わたしが楚軍を去らせてみせます」

斉の使者となった張丑は楚軍の本営へ往き、楚王に謁見して、たくみに説いた。

「王が徐州でお勝ちになったのは、斉王が盼子《はんし》を重用しなかったからです。盼子は功臣であり、すべての国民が盼子の役に立ちたいとおもっています。しかし田嬰と仲が悪いので、将軍に任命されず、申縛に軍がまかされました。いま、王は田嬰の追放を要求なさっていますが、もしも田嬰が追放されますと、盼子が重用されます。用兵にすぐれた盼子が士卒をととのえて、楚軍と戦うことになれば、王にとって不都合になりましょう」

張丑が名を挙げた盼子とは、かつて斉の威王が魏の恵王と宝について問答をした際

に、わが宝といった盼子にちがいないが、文字が微妙にちがう。『史記』では肦、『戦国策』では盼となっている。

「そうか……」

楚王は田嬰追放を求めるのをやめて、兵を撤《てっ》した。

3 海大魚

魏の恵施の策謀からかろうじて脱出した田嬰は、けっきょく威王の王号を不動のものとしたのであるから、その功績は絶大であった。

しかもその後の斉は、楚だけではなく他国とは大きな戦いをせずに、内政を充実させた。このことも田嬰の功績のひとつであろう。

そういう功績が認められて、田嬰は威王の三十五年（紀元前三二二年）に薛《せつ》に封ぜられた。このときから田嬰は、薛公と呼ばれ、靖郭君と号するようになった。諸侯といえば、かつては周王（あるいは楚王）の認可が必要であったのに、いまや威王が周王と同等となったため、威王に封建されれば、諸侯として城邑《じょうゆう》を私有することができるようになった。靖郭君は薛という国を得たが、自身は臨淄にとどまって、威王の輔弼《ほひつ》として政治にあたった。このころになるとさすがの威王も、政治に倦《う》んできて、権柄《けんぺい》を靖郭君ににぎらせたといってよい。したがって斉国の実質的な運営者は、靖郭君になったと想ってよいであろう。まえに述べたように、靖郭君が臨淄を去って、薛に住むようになるのは、威王の死後である。

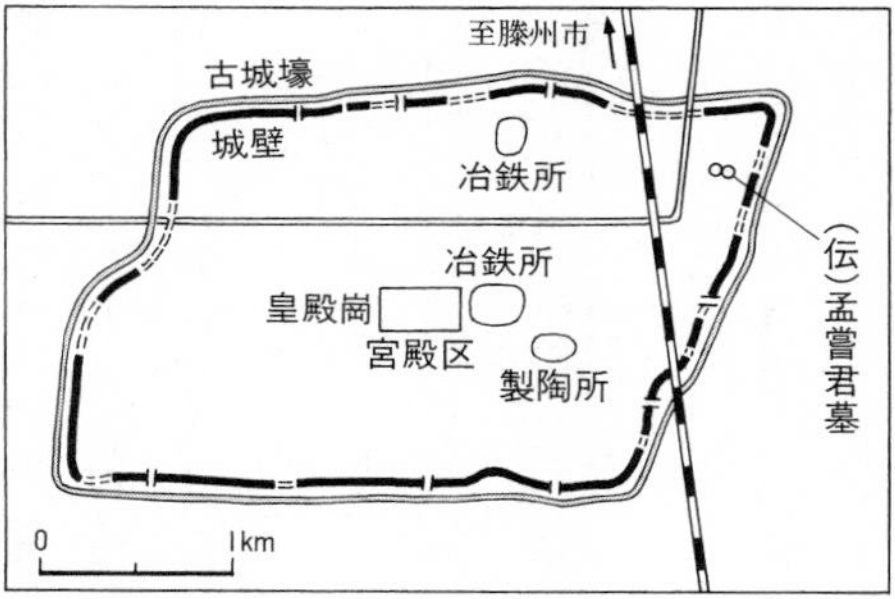

薛国故城の平面図（藤田勝久『司馬遷の旅』より）

ところで、いつのことであるかは正確にはわからないが、靖郭君が薛に高大な城壁を築こうとしたことがある。それは『戦国策』だけではなく、『孟子』の「梁恵王章句《りょうけいおうしょうく》下篇」にもみえるので、事実であると断定してよい。

泗水《しすい》の流域には多くの小国がある。滕《とう》もそのひとつで、滕の東南に薛がある。滕の君主を文《ぶん》公といい、善政をおこなうためにしばしば遊説者《ゆうぜい》である孟子に助言を求めた。滕の文公は孟子に、「滕は小国です。斉と楚のあいだにあります。わが国は斉に事《つか》えたらよいでしょうか、楚に事えたらよいでしょうか」

と、問うたことがある。それにたいして孟子は、

「この謀《はかりごと》はとてもわたしの考えのおよぶところではありません。が、どうしても何かいわなければならないのであれば、ひとつ申しましょう。池を掘って濠《ほり》とし、城壁を築き、民とともに城を守り、たとえ死んでも民が国から去らないようにすること、それがあなたの為《な》すべきことです」

と、答えた。孟子は侵略のために武力を用いることを愚行であると考えている。どれほど武力が強大でも、他国の民を心服させることはできない、と考え、はるかのちの秦の中国統一を予想しなかった。もしも中国を統一するとすれば、武の力ではなく、徳の力で成し遂げるしかない。周の文王のごとき人が出現することを希《ねが》った。滕のような小国は、いつ大国にふみつぶされるかわからない。それでも国民が逃げださない国をどのようにつくるか、滕の文公の真摯《しんし》さと熱意に打たれた孟子がここにはいる。

滕の文公はまた孟子に問うた。

「斉の大臣が薛に城壁を築こうとしています。わたしはたいそう恐れています。どのようにすればよろしいでしょうか」

　孟子は答えた。

「あなたは、周の先祖が迫害されたため、岐山《きさん》の麓に移り住んだことをご存じでしょう。そこで善政をおこなったので、子孫から周の文王のような王者がでたのです。君子というものは事業を創《はじ》めて、子孫に承《う》けつがれるようにするだけでよいのです。成功するかしないかは天命によります。あなたが薛をどうすることもできないのであれば、善政をおこなうべく努力なさるしかありますまい」

　孟子は当面の苦難を策によってしのぐという思想家ではない。張丑のような発想をしないのである。それゆえ大国の国王には、孟子の説は理想ばかりをいい、なまぬるいものである、とみなされて、尊重されなかった。全身全霊で孟子の思想を吸収しようとしたのは、滕の文公ただひとりであったかもしれない。

　それはそれとして、薛の城壁はどうなったか。

　じつは築かれなかった。

　靖郭君は工事をはじめようとした、が、多数の客に諫止された。あまりにうるさい

ので、謁者《えっしゃ》（取り次ぎ）に、

「客がきても、取り次いではならぬ」

と、いいつけた。斉の出身である客がやってきて、

「三言《みこと》だけいわせてもらえまいか。もしも一言でもふえたら、烹殺《にころ》してもらおう」

と、奇妙なことをいった。それを謁者からきいた靖郭君は興味をもち、その者を引見した。その者は趨《はし》ってくると、靖郭君のまえで、

「海大魚《かいたいぎょ》」

と、いって、走り去った。靖郭君は呼びとめて、

「殺しはせぬ。つづけて話せ」

と、海大魚の意味を問うた。斉人《せいひと》はこういった。網《あみ》でとらえることができず、鉤《はり》で釣りあげることもできぬ大魚でも、水がないところにうちあげられてしまうと、螻蟻《ろうぎ》（ケラとアリ）でもおもうがままにすることができる。斉は靖郭君にとって水である。斉から離れぬことがたいせつであるのに、薛に城壁を築いて独立したところで、水を失った大魚になるだけではないか。たとえ薛の城の高さが天にとどいても、何の益もない。

これをきいた靖郭君は、善《よ》し、といって、工事をやめたのである。

4　五月生まれのわざわい

さて、靖郭君には子が四十余人いた。

史書などに、子と書かれている場合、それはかならず男子を表している。靖郭君には正室のほかに側室が多くいた。その側室のなかでも、身分の低い女が、靖郭君の子を産んだ。

「文《ぶん》」

と、名づけられたその男子こそ、のちの孟嘗君《もうしょうくん》である。ちなみに嫡流にある男子は、

「伯《はく》・仲《ちゅう》・叔《しゅく》・季《き》」

をあざなにもつ場合が多い。たとえば管仲《かんちゅう》ときけば、管という家の次男であるとわかる。孟というあざなは庶流の長兄がもつのがふつうである。

生まれた田文と産んだ母親に、いきなり災難が襲いかかった。田文が五月五日に生まれたと知った靖郭君は、田文の母に、

「挙《あ》げてはならぬ」

と、いった。ここでの挙げるとは、出産して育てる、ということであろう。邸内で育てることができなくなった母は、ひそかに育てた、というのが『史記』の「孟嘗君列伝」の記事であるが、たれがどのように養育したのかは、まったくわからない。十歳をすぎた田文はようやく実父をみることができた。靖郭君は田文の母を叱《しか》った。

「われはそなたにこの子を棄てよといいつけたはずだ。しかるにあえて育てたのは、どうしたことか」

母にかわって田文が言《げん》を揚《あ》げた。

「父上、五月の子を育ててはならぬのは、なぜでございますか」

「五月の子は、身長が戸《こ》（門）と斉《ひと》しくなり、父母に不利をもたらすからである」

これは当時の俗信であろう。迷信といってもよい。

「人が生きてゆくとき、命《めい》を天から受けるか、あるいは命を戸から受けるか、どちら

でしょうか」

靖郭君は黙ってしまった。

「命を天から受けるのであれば、父上はどうして憂慮なさるのでしょうか。もしも命を戸から受けるのであれば、戸を高くすればよいではありませんか。たれがその高さにとどきましょうや」

このとき田文が何歳であるかはわからないが、私は十二、三歳であろうとおもった。少年が大国の宰相である父をおどろかした光景を想わなければならない。靖郭君は賤《せん》妾《しょう》が産んだ子を後継者にする気はまったくない。が、ここで田文の聰明《そうめい》さを知り、衝撃をうけた。ただしどれほど賢くても、徳をそなえていない賢さは、鞘《さや》のない剣のようなものである。今後の田文の器量をみさだめねばならぬとおもった靖郭君は、不機嫌に、

「もうよい。さがれ」

と、いった。なにはともあれ、田文は靖郭君の子であると認められたことになる。

ここからは推量であるが、子のなかで田文の存在が大きくなったと感じた靖郭君は、このままでは後継問題が生じると予感した。そこで田文を後継からあらかじめはずす

ことを考えた。薛の東南に嘗《しょう》という邑がある。その邑を田文に与えて、財産分与をすませてしまった。ゆえに田文は嘗君あるいは孟嘗君と呼ばれる。薛という国をうけつぐのは、靖郭君の嫡長子でなければならなかった。

第六章　稷下のにぎわい

臨淄故城の桓公台（写真・藤田勝久）

1　諸子百家

ひとくちに城郭というが、城と郭とはそこに住む者がちがう。

城は君主の居住区域で、郭は臣下と庶民の居住区域である。斉《せい》の臨淄《りんし》という城郭は全体のなかの西南に長方形の城をかかえている。すなわちその長方形の二辺（北と東）が郭に接している。君主はいきなり城外にでることもできるが、郭内にゆくこともできる。城の門は、北と東と西にそれぞれひとつあるが、なぜか南にはふたつの門がある。

郭には門が多い。

西にひとつ、北と南にそれぞれふたつ、東には三つある。郭内には東西道路と南北道路が走り、道幅は一五メートルから二〇メートルもある。おどろくのはそれだけではない。人口の多さが尋常ではない。臨淄のなかだけで七万戸ある。一戸に五人住んでいるとすれば、三十五万という人口になる。紀元前の三〇〇年代に、世界のどこに三十万都市があったか。

郭内の路傍では、人々は笛を吹き、瑟《しつ》を弾《ひ》き、雞《にわとり》を闘わせ、犬を走らせ、すごろく博打《ばくち》をおこない、鞠《まり》を蹴《け》って遊んでいた。道路は人と車で混雑し、人の肩はぶつかりあい、車の轂《こしき》はすれあった。道にいる人々がもしもいっせいに袂《たもと》を挙げれば、幕に

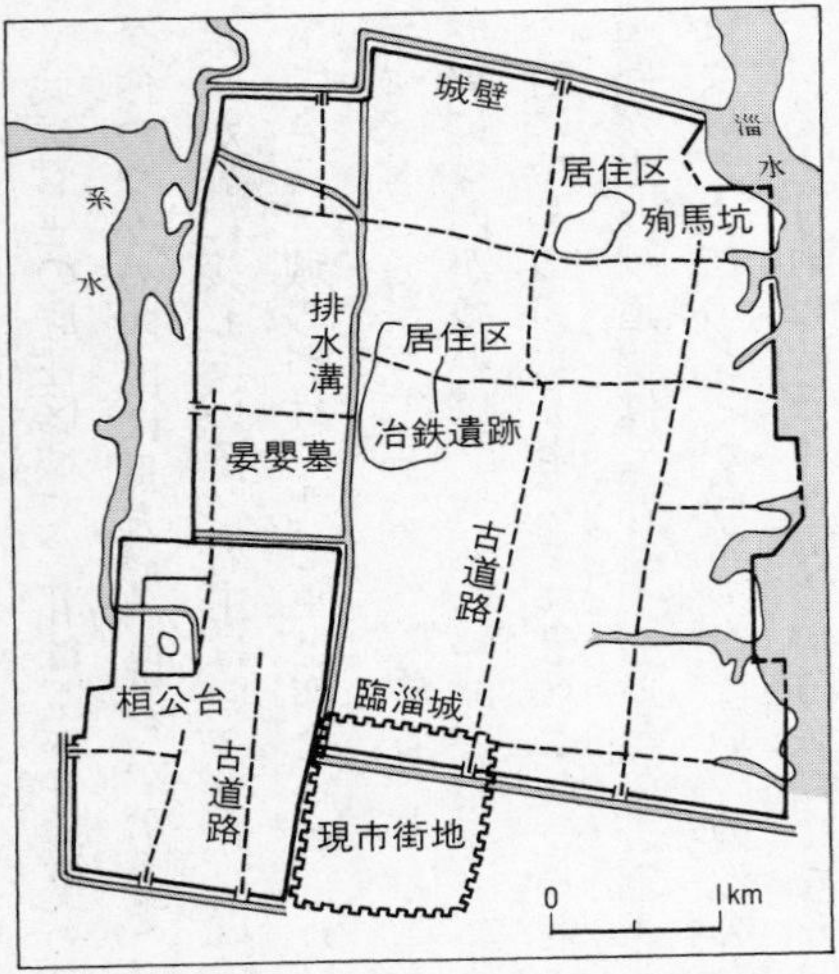

臨淄故城の平面図（藤田勝久『司馬遷の旅』より）

みえたであろうし、汗をふるえば雨になったであろう。そういう形容が大仰ではないほど臨淄は人で充満していた。

臨淄の西の城門を稷《しょく》門といい、その門の近くに、学者たちの屋敷がたちならぶようになった。それについて『史記』の「田敬仲完世家」にはつぎのように記されている。

宣《せん》王、文学游説《ゆうぜい》の士を喜ぶ。騶衍《すうえん》、淳于髡《じゅんうこん》、田駢《でんべん》、接予《しょうよ》、慎到《しんとう》、環淵《かんえん》の徒《と》のごときより、七十六人、みな列第《れってい》を賜《たま》い、上大夫《じょうたいふ》と為《な》す。治めずして議論す。ここをもって斉の稷下《しょくか》の学士また盛んにして、まさに数百千人にならんとす。

威《い》王の子の宣王は学者をことのほか優遇した。気にいった八十人ほどの学者に屋敷を与えて住まわせ、大臣とおなじ位をさずけた。かれらは行政をすることなく、議論をしていればよかった。それを知った天下の学者が斉におしかけて、その数は数百から千人となった。

稷下は学問の聖地となったのである。

さきの引用文のなかに、「また盛んに」とあることに注目すれば、威王の時代に学者は優遇されなかったが、威王の父の桓《かん》公のときに学者が斉に集められたと想いたくなる。桓公は自家に箔《はく》をつけるために学者の新説が必要であったことはたしかである。とにかく学問がさかんになったことで、さまざまな学説が立った。

「諸子百家《しょしひゃっか》」

と、呼ばれる所以《ゆえん》である。『漢書』の「芸文志」に、

——諸子百八十九家。

と、あり、子《し》すなわち思想家は百八十九人もいて、それぞれが一家を立てて教授をおこなった。かれらを大別するとつぎのようになる。

一、儒家《じゅか》
二、道家《どうか》
三、陰陽家《いんようか》（オンヨウカとも訓む）
四、法家《ほうか》
五、名家《めいか》

六、墨家《ぼくか》
七、縦横家《じゅうおうか》（従横家）
八、雑家《ざっか》
九、農家《のうか》
（十、小説家《しょうせつか》）
（十一、兵家《へいか》）

小説家と兵家をいれないで、百家九流といういいかたもある。なお小説とは大説に対する語で、要するに小説家とは学説に体系をもたず、巷説《こうせつ》を拾ってくるような者をいう。兵家は孫臏《そんぴん》にまさる人はいないので、あらたな解説は要るまい。雑家はいろいろな説を兼ねる人で、衛鞅《えいおう》と同時代の人で尸子《しし》（尸佼《しこう》）がいた。が、雑家でもっとも重要な書は、戦国後期に呂不韋《りょふい》によって編纂《へんさん》された『呂氏春秋《りょししゅんじゅう》』である。

2　儒家と墨家

——世の顕学《けんがく》、儒墨《じゅぼく》なり。

いまの世で有名である学派は、儒家と墨家である、といったのは、韓《かん》の公子である韓非《かんび》である。韓非は戦国後期の人であるので、そのことばは戦国中期の思想界を摘記《てっき》したものではないかもしれないが、傾聴にあたいする。さらに韓非はかれ自身の著作である『韓非子《かんびし》』のなかで、孔子のあとの儒家を八派とし、墨子のあとの墨家を三派とした。それは左記のようになる。

〔儒家〕
子張《しちょう》（顓孫師《せんそんし》）
子思《しし》（孔子の孫、孔伋《こうきゅう》）
顔氏《がん》（おそらく顔回《がんかい》）

曲阜の孔子廟（写真・藤田勝久）

孟《もう》氏（孟軻《もうか》）
漆雕《しっちょう》氏（漆雕啓《しっちょうけい》）
仲良《ちゅうりょう》氏（仲梁《ちゅうりょう》）
孫《そん》氏（孫卿《そんけい》すなわち荀子《じゅんし》か、公孫尼子《こうそんじし》か）
楽正《がくせい》氏（楽正子春《がくせいししゅん》）

〔墨家〕
相里《そうり》氏
相夫《そうふ》氏
鄧陵《とうりょう》氏

儒家の祖が孔子であることはいうまでもない。儒家の聖典が『論語』であるとはいえ、戦国時代の人々は『論語』を読むことができなかった。この書物の編纂が終わるのは、戦国時代をすぎてからという理由がある。それゆえ儒教を学ぶ者たちは、師を通して孔子像をみなければならず、それはとりもなおさず孔子の理念をあえて探求しなくてよいという学問的状況があったということである。たとえば孔子は周《しゅう》の武《ぶ》王の弟である周公旦《しゅうこうたん》をはなはだしく敬愛したが、孟《もう》子《し》は帝舜《ていしゅん》や周の文王を尊崇《そんすう》していたので、孟子の弟子は周公旦にさほど関心をもたなかったであろう。

それはそれとして孔子の理念にかかわる重要な語は、仁《じん》と礼《れい》と楽《がく》である、と私はおもう。仁は、愛と訳してもさしつかえないが、もうすこしくわしくいうと、身近な人への愛をひろげてゆくという愛しかたである。礼は、宇宙のことであったが、孔子が形而下《けいじか》に置きかえた。人の世における君子としての表現、というのが礼である。君子とは最高の人格者をいう。楽とは、音楽のことであるが、それについて、

——詩に興《おこ》り、礼に立ち、楽に成《な》る。

という有名なことばが『論語』にある。楽はすべての調和をあらわしているであろう。この孔子の教えは、おもに下級貴族である士《し》に浸透し、士が中央あるいは地方の政治をおこなうという状況が生じたことで、支配者のための学問となった。

その孔子の理念に猛烈に反発したのが、墨家の祖である墨子《ぼくし》である。墨子は名を翟《てき》といい、宋《そう》の人とも魯《ろ》の人ともいわれるが、その出自と生涯が明瞭《めいりょう》ではない。しかしながら儒家に学んだことはまちがいない。すなわち孔子の理念を烈しく否定する側に立った。仁にたいして兼愛《けんあい》といい、礼にたいして節用《せつよう》を説き、楽にたいして非楽《ひがく》を立てた。兼愛は博愛といいかえてもよく、べつのことばでいえば義《ぎ》である。自分から遠い人を愛せ、ということである。礼は堕落すると、一家の財産がなくなるほどの厚葬《こうそう》となる。豪華な葬儀をおこなうことが故人への礼となるのか。墨子は否《いな》といった。さらに人は音楽がなくても生きてゆくことができる、と主張した。私は墨子を物理学者であるとおもっているが、かれは儒教がもっている芸術的要素を否認した。さらに墨子には侵略的思想がなく、兵家にいれてもよいほど天才的に戦いを熟知しているのに、

「非攻《ひこう》」

　ということをいった。攻められたときに守るのはよいが、攻めてはならないのである。墨子が弟子たちを率いて城を守れば、難攻不落となった。弟子たちは兵であると同時に技術集団ではなかったか。かれらは物理的に城を防衛しやすい城に造りかえて

しまったといえる。それゆえ墨子が城を守りぬくことを、「墨守《ぼくしゅ》」と、いい、論において攻められても自説を守りぬくことも、墨守といわれるようになる。とにかく墨子の思想は、支配される層に浸透したため、儒家を嫌う秦《しん》では、許容された。

孟子は、仁義《じんぎ》、を提唱したが、その義は墨家の兼愛をとりいれたものであろう。孟子の言行録というべき『孟子』を編纂した人は、ものがたい人であったようで、ほぼ孟子が遊説をおこなった順に章を立てた。するとまず魏《ぎ》へ行ったことになる。ただしそのまえについては、『史記』の「孟子荀卿列伝《もうしじゅんけいれつでん》」にある、

——業《ぎょう》を子思の門人に受《う》く。

という一文を承《う》けて、孟子は魯の国へ行って学問をしたと想うしかない。魏を去って、斉へ行った孟子は、稷下にとどまったはずであるが、そこでも失意をおぼえたため、宋へ行った。宋をあとにした孟子は、宋王の怒りを買ったようで、危難に遭い、かろうじて薛《せつ》に逃げ込んだ。そのとき孟子をかばったのは孟嘗君《もうしょうくん》の父の靖郭君《せいかくくん》であった。そのせいであろう、薛は宋の軍に攻められることとなった。が、靖郭君は宋軍

を撃退した。このあと孟子は滕《とう》へ行き、さらに魯へ行った。むろんときどき孟子は生国の鄒《すう》へ帰っていたであろうから、正確な年表を作りにくい。孟子は性善説によって性悪説の荀子と対座させられるが、人の能力を信ずる点において両者に大きなちがいはない。とくに孟子の譬説《ひせつ》の巧《うま》さには瞠目《どうもく》させられる。かれは弟子の楽正子《がくせいし》（克《こく》）が魯の政治をまかされるときいて、喜びのあまり寝られなかった人である。愛に満ちた人であった。歿年は紀元前二八九年である。

3　道家と法家

道教は老子《ろうし》と荘子《そうし》の思想に神仙思想が加えられて中国の民衆に深々と根をおろすようになるが、稷下の道家は、黄帝《こうてい》と老子を学ぶ派であると想えばよい。黄帝の存在を提唱したのはかれらであろう。すると当然のことながら、斉王室とつながりが強かったのは道家ということになる。それゆえ、斉王室からとくに優遇される道家に属する学者が多い。

いちど氏名がでた田駢《でんべん》、慎到《しんとう》、環淵《かんえん》、接子《しょうし》（接予）などはすべて道家である。ほかに宋鈃《そうけん》と尹文《いんぶん》も道家に属する。道とは何であるかについては、『老子』の冒頭の一文、すなわち、

——道の道とすべきは、常《つね》の道にあらず。

これこそ道であるときめつけることができる道は、不変の道ではない、ということが真理であるとする。人というものが相対的であるとしながらその教義が絶対的である儒教と、道教は対照的である。

それはそれとして、稷下の道家のなかでもっとも有名で厚遇されていたのは、田駢であろう。『戦国策』によると、その暮らしぶりは、

——訾養《しよう》千鍾《しょう》、徒《と》百人。

というものであった。訾は、そしると訓むので、ここでは貲《し》という文字におきかえないと意味をなさない。貲は、たからまたは身代《しんだい》である。鍾は枡《ます》の名で、一鍾は約四九・七リットルである。千鍾は四万九七〇〇リットルとなり、一九・四リットルを一斛《こく》（石《せき》）とする換算では、二五六一・八六斛となる。ちなみに漢代の郡の太守《たいしゅ》は、年俸が二千石であったので、日本でも県知事のことを二千石という。田駢はそれ以上の

俸禄をさずけられ、徒すなわち召使いが百人もいた。
田駢は彭蒙《ほうもう》という師に就《つ》いて学んだようであるが、彭蒙については不明のままで、また田駢の著作である『田子《でんし》』も亡んだ。だが、『荘子』の「天下篇」に田駢と慎到の主張が載《の》せられている。

万物を斉《ひと》しくして、もって首《はじめ》となす。曰《いわ》く、天はよくこれを覆《おお》うも、これを載《の》することあたわず、地はよくこれを載するも、これを覆うことあたわず。大道《たいどう》はよくこれを包《つつ》むも、これを弁《べん》ずることあたわず。万物はみな可《か》なる所あり、不可《ふか》なる所あるを知ると。ゆえに曰く、選べばすなわち徧《あま》ねからず、教うればすなわち至らず、道はすなわち遺《のこ》すなき者なりと。

こまかな解説を欲する人は、『荘子』の注釈書を読んでもらうしかない。斉すなわちひとしい、ということは、斉国の意志とも合致する。その平等という理念は、おそらく斉を建国した太公望《たいこうぼう》の理想であり、田氏は太公望の子孫を滅ぼしても、その理想を承け継いだ。

慎到は法家でもあるといわれる。

斉の国王が宣王から湣王《びん》となり、その末年にかれは斉を離れて、韓へ往った。韓の大夫となった。管仲《かんちゅう》が法家の祖と呼ばれるように、斉にはもともと法を尊ぶ思想的風土がある。

中国で最初に成文法を公布したのは、春秋時代の鄭《てい》の宰相であった子産《しさん》である。その法は貴族たちの恣意《しい》的なきまりに苦しめられる民を護《まも》るために定めたものである。法とは国民を護るためにある。戦国時代の斉では道家が、

「大衆」

ということをいい、民力が国家に益をもたらすと主張した。当然、民力の保護が考えられたであろう。そこに法の必要性が再認された。道家から法家がでる所以《ゆえん》である。しかしながら民のための法を、公孫鞅《こうそんおう》（衛鞅）は支配者のための法に変えてしまった。公孫鞅は国主をのぞいてすべての公族、貴族、臣下、庶民を法の下に置き、秦を強大にした。ついにはその法が中国統一をはたしたといってよい。しかしながらその法が自滅を招いた。

4　名家と縦横家その他

名家として恵施《けいし》がいることはすでに述べた。

そこでほかの名家である公孫龍《こうそんりょう》についてふれてみたい。

公孫龍は趙《ちょう》の人で、ながいあいだ平原君《へいげんくん》の客となっていた。

こういう話がある。

趙の邯鄲《かんたん》が秦軍に攻められたとき、平原君は人をつかわして魏に救援を求めた。信《しん》陵君《りょうくん》が魏軍を率いて邯鄲に到着すると、秦軍は撤退した。趙の上卿《じょうけい》である虞卿《ぐけい》は、

「一兵をも戦わさず、一戟《げき》をもそこなわずに、趙と魏の患《わざわ》いを除いたのは、平原君の力です。人の力を用いておきながら、人の功を忘れるのは、よろしくありません」

と、趙王に言上した。趙王はもっともなことであるとおもい、平原君に封地を加増しようとした。すると公孫龍が平原君を諫《いさ》めた。

「君には、敵軍をくつがえして敵将を殺したという功がないのに、東武《とうぶ》城に封ぜられ

ています。趙国の豪傑の士は、多くが君よりすぐれています。しかし君が相国《しょうこく》であるのは、王の親族であるからです。功がなくても人に相国の位をゆずらず、なんの働きもないのに相国の印を辞退せず、ひとたび国難を解《と》くと、封地の加増を要求する。それは、王の親戚として封地を受けたのに、功を計《はか》るときは国人になるということです。君のために申し上げるのですが、封地の加増をお受けになりませんように」

公孫龍を尊んでいる平原君は、そういわれてもいやな顔ひとつせず、よし、わかった、といい、加増をうけなかった。平原君の佳《よ》さは、ここにあるであろう。名と実が適《あ》わないので公孫龍は平原君を諫めたのであろうが、かれの名を天下に知らしめたのが、

「白馬非馬論《はくばひばろん》」

である。白馬は馬にあらず、とは、どういうことなのか。まず、白馬がいることと、馬がいることとが、おなじであるかどうか。もしもおなじであるとすれば、馬はすべて白馬となる。そんなことはありえないので、白馬は馬ではないのである。

こういう論理を詭弁《きべん》であるとおもう者たちがいて、名家のことを詭弁派と呼んだ。荘子は名家である桓団《かんだん》(趙の人)と公孫龍をまとめて批判した。

「桓団と公孫龍は弁者《べんしゃ》（理論学派）の徒《と》である。かれらは人の心を飾り、人の考えを改め、口からでることばによって人の説に勝つことができても、人の心を感服させることができない。それが弁者の囿《ゆう》（限界）である」

また荘子は論争の相手でありながら敬意をささげた恵施については、

「恵施の才は、駘蕩《たいとう》して（ちらばって）とどまらない。万物を逐《お》ってゆくがかえってこない。それは響きをとめようとして声を放つようなものであり、自分の影と競走するようなものである。悲しいことである」

と、いった。

弁論術の発達が学界内にとどまっているうちは、庶民にかかわりをもたぬ動態《どうたい》であったといえるが、それが政治と外交を動かすようになると、もはや学界内の運動であるとはいえなくなった。

縦横家の出現がそれである。

魏の国主が諸侯の盟主であった戦国前期から中期にかけても、外交や軍事の助言者はいた。斉国でいえば張丑《ちょうちゅう》がその種の人である。しかしながら、中期から後期にかけて、諸侯の盟主が不安定となった。東の斉、北の趙、南の楚《そ》、西の秦が魏にまさるともおとらない富強をそなえたため、軍事のまえの外交が以前とはくらべものにならぬほど複雑になった。厖大《ぼうだい》な情報をもち、しかも明晰《めいせき》な情報分析をおこなって、一国の進路を明示することのできる遊説者、それが縦横家である。

ちなみに縦とは、国々をタテ（南北）に連合させるということで、この策は秦を敵国であると想定している。横は、国々をヨコ（東西）に連合させる策で、盟主が秦の国主であることを仮定している。それほど秦が強大となり、中原《ちゅうげん》の諸国にとって脅威になってきたのである。しかも秦の法は、他の国々とはいちじるしくちがうので、中原諸国の民がその法を恐れた。自国が秦に屈服すれば、国民はすぐさま秦の非情の法にしばられる。秦の法には例外はなく、情状酌量《じょうじょうしゃくりょう》もない。自分が罪を犯さなくても、連座によって犯罪者にされてしまう。

そういう秦の進出を、趙、魏、斉、楚、韓、などを連合させることによって阻止しようと各国の王を説いたのが蘇秦《そしん》である。この策を、

「合従《がっしょう》策」

という。蘇秦は洛陽《らくよう》の生まれで、学問をするために斉へゆき、やがて鬼谷《きこく》先生に就いて学習した。卒業後、困窮して、帰郷した。みなに侮蔑された蘇秦は、一念発起《いちねんほっき》し

て独学をつづけた。かれは読心術を自得した。ふたたび実家をでた蘇秦は、まず周王を説こうとしたがはたせず、はるばると秦へ行ったものの、秦王に追い払われた。それでもくじけず、蘇秦は趙へ行った。趙でもうまくゆかないので、燕《えん》へゆき、そこではじめて燕王を説得することができた。燕王の正式な使者となった蘇秦にとって、時代の風向きが変わったといえる。ここからは各国の王を順調に説き、ついに合従策を成就させた。

この蘇秦の策を、
「連横策《れんこう》」
をもって破ろうとしたのが、張儀《ちょうぎ》である。

魏の人である張儀も学問をするために東へ行き、えらんだ先生が鬼谷先生であった。むろん学友のひとりに蘇秦がいたであろう。鬼谷先生についてはくわしく述べることができないが、あえて想像すれば、私立の兵学校の校長であったのではないだろうか。兵術のほかにかれが教えたのが心理学であったとおもわれる。

そこを卒業した張儀は、諸国遊説の旅に出発した。楚にはいった張儀は、相の客となった。あるとき楚の相の酒の相手をしているうちに、その家の宝というべき璧《へき》がなくなるという事件が起こった。相の臣下はいちように張儀を疑い、ついにかれを捕らえて、数百回笞《むち》で打ったあと、解き放った。半死半生で帰国し、自宅にたどりついた張儀をみた妻が、

「ああ、あなたは、読書をして遊説することをしなければ、このような辱《はずか》しめをうけずにすんだでしょうに」

と、いった。すると張儀は、

「わが舌をみてくれ。舌はまだあるか」

と、問うた。妻は笑った。

「舌はありますよ」

「それなら、充分だ」

張儀の生涯の主題は定まった。

――楚を滅亡させる。

一介の遊説者がうけた恥辱が、どれほど大がかりな復讎劇《ふくしゅうげき》になるかを、かならずみせてやると心に誓った張儀は、秦へ往き、恵文王にとりいって復讎の下拵《したごしら》えをはじめるのである。

縦横家といえば蘇秦と張儀を知れば充分とおもわれがちであるが、蘇秦の弟である蘇代《そだい》、張儀を嫌った陳軫《ちんしん》、合従策の立て役者となった犀首《さいしゅ》（公孫衍《こうそんえん》）、連横策の後継者である甘茂《かんも》などは重要である。

陰陽家は騶衍《すうえん》からはじまるといわれる。

宇宙と万物を陰と陽というふたつの要素にわけるのは、古代からはじまっており、その考えかたと五行（水・火・金・木・土）を結合させることによって、天文の神秘、自然現象、王朝の交替さえ説明が可能となった。身分を問わず、これほど広くうけいれられた思想はない。たとえば万物を構成する五つの要素が、水は火に克《か》ち、火は金に克ち、金は木に克ち、木は土に克ち、土は水に克つという循環にあると説かれると、いかなる者でもたやすく納得するのである。五行を色であらわすと、水は黒、火は赤、木は青、金は白、土は黄ということになる。方位をいえば、水は北、火は南、木は東、金は西、土は中央である。そういう五行の属性を知ることによって、認識力だけではなく予言力も増したのである。

騶衍は鄒衍《すうえん》とも書かれる。斉の出身である、むろん稷下にいたが、魏の国へゆき厚遇された。ついで趙へゆくと、平原君に鄭重《ていちょう》にもてなされた。騶衍が趙にきたせいで公孫龍は平原君からの敬愛を失ったといわれる。その後、騶衍は燕へ行って昭王の師となった。碣石宮《けっせききゅう》という宮殿が騶衍のために築かれ、そこに住むこととなった騶衍のもとに、昭王は通学したのである。

農家については、九家があったと『漢書』の「芸文志」はいう。『神農《しんのう》』『野老《やろう》』という書物が戦国時代のもので、その後に書かれたであろう『宰氏《さいし》』『董安国《とうあんこく》』『尹都《いんと》尉《い》』『趙氏《ちょうし》』『氾勝之《はんしょうし》』『王氏《おうし》』『蔡癸《さいき》』という書物もすべて失われた。農業は国力の基本となるのに、それについての書物がことごとく亡《ほろ》んでしまったところに、為政者の意識がみえかくれする。『呂氏春秋』の「士容論《しようろん》」のなかに、

――およそ農の道は、時に厚きを宝となす。

という一文からはじまる農作業の指導篇があり、それを最古の農家の書と考えてもさしつかえあるまい。ちなみにその文の意味は、農作業は時宜《じぎ》に適《あ》っていることがもっとも大切である、ということである。

諸子のなかで生年と歿年がはっきりしている人はほとんどいない。それらは不確定であるが、めやすになるかもしれないので、いちおう書いておく。

〔儒家〕

子夏《しか》（卜商《ぼくしょう》）　（紀元前五〇七年～前四二〇年）

子思《しし》（孔伋《こうきゅう》）　（紀元前四八三年～前四〇二年）

孟子《もうし》（孟軻《もうか》）　（紀元前三七二年ころ～前二八九年）

〔道家〕

慎到《しんとう》　（紀元前三九五年ころ～前三一五年ころ）

宋鈃《そうけん》　（紀元前三八五年ころ～前三〇四年）

荘子《そうし》（荘周《そうしゅう》）　（紀元前三六九年ころ～前二八六年）

尹文《いんぶん》　（紀元前三六〇年ころ～前二八〇年）

〔陰陽家〕

騶衍《すうえん》　（紀元前三〇五年ころ～前二四〇年）

〔法家〕

呉子《ごし》（呉起《ごき》）（？〜前三八一年）

衛鞅《えいおう》（紀元前三九〇年ころ〜前三三八年）

韓非《かんぴ》（？〜前二三三年）

〔名家〕

恵施《けいし》（紀元前三七〇年ころ〜前三一〇年）

公孫龍《こうそんりょう》（紀元前三二五年ころ〜前二五〇年）

〔縦横家〕

淳于髠《じゅんうこん》（紀元前三八六年ころ〜前三一〇年）

張儀《ちょうぎ》（？〜前三一〇年）

〔雑家〕

尸子《しし》（尸佼《しこう》）（紀元前三九〇年ころ〜前三三〇年）

第七章　孟嘗君の活躍

薛国故城の城壁（写真・藤田勝久）

1　孟嘗君の知恵

孟嘗君田文《もうしょうくんでんぶん》が五月五日に生まれたことは、まえに書いた。が、何年の五月五日であるかがわからない。

そこで八十余歳まで生きたと仮定すれば、もっとも早い誕生年は、紀元前三六一年、すなわち周《しゅう》の顕《けん》王の八年、斉《せい》の桓《かん》公の十四年であろうと想い、年表を作ってみた。その年は、魏《ぎ》が安邑《あんゆう》より大梁《たいりょう》に遷都し、公孫鞅《こうそんおう》（衛鞅《えいおう》）が秦《しん》に入国した年である。むろん七十余歳で歿したのであれば生年をそれより十年ほどさげねばならない。

父の靖郭君《せいかくくん》を若い田文がやりこめた話は、ほかにもある。

斉の相である靖郭君は多忙である。が、わずかにひまな時をみはからって父に近づいた田文は、

「子の子を何といいますか」

と、問うた。わずかに眉をうごかした靖郭君は、

「孫である」

と、答えた。田文の問いはつづく。

「孫の孫を何といいますか」

「玄孫《げんそん》という」

田文はしつこい。

「玄孫の孫を何といいますか」

「知らぬ――」

靖郭君は慍《むっ》とした。すると田文はこういった。

「父上は三代の君主に仕えてこられました。その間に、斉の領土が広くなったわけではありませんのに、父上の家には万金が累《かさ》なりました。しかしながら、門下からはひとりの賢者もでていません。わたしは聞いたことがあります。将門《しょうもん》（将軍家）にはかならず将あり、相門《しょうもん》（宰相家）にはかならず相《しょう》あり、と。ちかごろ父上の後宮の女どもは絹の着物を着て長い裾《すそ》をひいて歩いていますが、士分の者はそまつな裋褐《じゅかつ》さえ着ることができず、召使いである僕妾《ぼくしょう》は米や肉を食べ残すのに、士分の者は糟糠《そうこう》（米ぬか）さえ食べられないありさまです。それなのに、父上はなお財産をふやして、知らぬ者にそれを遺《おく》ろうとなさり、国の政道がそこなわれていることを忘れておられる。わたしはそれがふしぎでならないのです」

これほど靖郭君を痛烈に批判した者はいないであろう。靖郭君にかかわる話を集めてみると、ひとつの特徴が浮かびあがってくる。靖郭君は頑固である。他人の助言に耳をかたむけて、実行すべきことを再考するということをほとんどしない人である。それゆえ食客《しょっかく》も活発に意見を述べず、献策もしない、という状態になったとおもわれる。しかも靖郭君は好悪《こうお》がはっきりしていて、斉貌弁《せいぼうべん》のような客を最上として、長男に接待を命じ、田文には上等ではない客のあつかいをいいつけたのであろう。田文の目は、もっとも低いところで主君のために働く者たちの実情を直視した。

——これは、ひどい。

と、田文は感じたが、まともに諫言《かんげん》を呈しても、父には聴いてもらえないとわかっているので、話に工夫をこらしたのである。

靖郭君は考え込んでしまった。田文のいう通りである。蓄財にはげんだところで、靖郭君にとって他人同然というべき玄孫の孫に財産を遺《のこ》すことになる。それよりもいま身近で生きている人々に与えて、悦《よろこ》んでもらったほうがよい。

――文は、われより器量が巨《おお》きいか。

そう実感した靖郭君は、田文にまなざしをむけて、

「文よ、なんじがわが家をつかさどれ。賓客の接待も、なんじがせよ」

と、いった。

このときから田文が家宰となり、客と士の待遇を改善した。この効果はほどなくあらわれ、靖郭君の客となる者が日に日にふえ、その結果、靖郭君と孟嘗君の名声が諸侯にもきこえるようになった。斉の威《い》王の最晩年に、靖郭君は魏の相も兼《か》ねることになった。『戦国策』によると、魏へ行って相となったのは、太子の田文であるが、実際はどうであったのか。そのときというのは魏の恵《けい》王の最晩年にもあたり、魏は独力では秦を撃退することができない状況になっていたので、外交がむずかしくかつ重要であった。それから一年後に斉の威王が薨《こう》じ、その一年後に魏の恵王が薨じてしまい、魏の相には犀首《さいしゅ》（公孫衍《こうそんえん》）がなるので、魏の相として靖郭君があったのは、一年半ほどであろう。当然のことながら孟嘗君は父をひそかに助けていた。斉の威王のあとを継いで斉王となった宣《せん》王が靖郭君を嫌ったのも、そういうことがあったせいであろう。また薛《せつ》に帰った靖郭君が城壁を築いて独立のけはいをただよわせたのも、薛は斉より

も魏に親しくなったためではあるまいか。しかし、薛は、斉あっての薛である、と食客のひとりにたしなめられて、靖郭君は考えを改めたのである。

とにかく諸侯の使者が薛にきて、

「孟嘗君を太子になさるべし」

と、うるさくいった。諸侯のひとりである靖郭君は、ほかの諸侯の意向を無視することができない。そこでついに、

「うけたまわった」

と、答えて、孟嘗君を後嗣《こうし》に定めた。靖郭君が亡くなったのは、紀元前三一一年か三一〇年であろう。靖郭君は諡号《しごう》であると『史記』にはあるが、なかば信じておくことにする。紀元前三一〇年に孟嘗君は斉の宣王によって薛に封ぜられた。以後、薛公とも呼ばれる。

2　食客数千人

司馬光《しばこう》の『資治通鑑』をみると、靖郭君が魏の相になったとおもわれる紀元前三二一年に、斉王によって薛に封ぜられたことになっている。司馬光も自身で年表を作って、そのようにしたのであろう。しかも薛に封ぜられたので、田嬰《でんえい》は靖郭君と号した、としている。すると靖郭君は諡号ではない。

司馬遷《しばせん》がまちがい司馬光がまちがう斉国史であるから、たぶん精密な斉国史を書ける人はいない。まちがっているからといって、あれもこれも棄ててしまうと、無味乾燥のものしか残らない。私にとっては『史記』と『資治通鑑』はあいかわらずすばらしい史書である。

さて、薛の君主となった孟嘗君は諸侯の賓客である者を招き寄せようとした。客としたのはそういう上等な人々だけではない。

「亡人《ぼうじん》」

さらに、

「有罪者」

まで、孟嘗君はうけいれた。亡人は逃亡者あるいは亡命者であり、有罪者はいうまでもなく罪人である。他国で罪を犯した者は、それをきいて、薛へ殺到したであろう。流人《りゅうじん》のまま一生を終えそうなかれらは、孟嘗君の客となれば、もはやたれにも追われず、たれにもうしろ指をさされないですむ。

孟嘗君の食客の特徴は、その質の悪さである。無法者を客としたのは、天下広しといえども孟嘗君ただひとりである。

――なぜ、そのようなことをしたのか。

それについて孟嘗君自身は何も語っていない。したがって後世の者が推量するしかない。

孟嘗君は賤妾《せんしょう》の子であり、ある年齢に達するまで、下層の人々のなかにいて、かれらの実態をよく知ったということはあろう。自分が富力《ふりょく》をもつようになったら、多くの人を救いたいと考えたにちがいない。人のなかでもっとも弱い人とは、おのれの前途に絶望しかみない人である。孟嘗君は法にたいする不信もあって、その法にしいたげられた人々に手をさしのべたのではないか。もしもかれらが悪人であっても、孟嘗君の客でいるかぎりは、悪事をはたらかない。一種の隔離をおこなうことができる。とにかく、人が人を知り、人の心をとる、ということが孟嘗君は好きなのであろう。上は王から、下は無法者まで、その心をとれば、一寸の地も侵《おか》すことなく天下をとることができる。

孟嘗君のもとに集まった客は、数千人となった。

客の心をとる術のひとつが『史記』に書かれている。

孟嘗君が客と話しあっているときには、かならず屏風《へいふう》のうしろに侍史《じし》（書記）がいた。侍史は対話の内容と客の親戚の住所などを記録した。客が去ると、すぐに孟嘗君は使いをだしてその親戚に挨拶《あいさつ》させ、贈り物を渡すようにさせた。

これはいつの世でも応用できる人心掌握術であろう。

ところで『古本竹書紀年』の魏の襄《じょう》王八年（紀元前三一一年）に、

——斉の宣王、その王后を殺す。

と、ある。『竹書紀年』は晋《しん》の武《ぶ》帝の時代に魏の襄《じょう》王の墓を掘って得た竹簡の歴史書である。が、残念なことに、散佚《さんいつ》してしまった。しかしそれはまったく別の系統の歴史書なので、歴史をちがう角度から観るために、なんとか復元したいと、断片をかきあつめた結果、いろいろな『竹書紀年』がつくられてしまった。古本といっても、まったく後世の人の筆が加えられていないとはいえないが、司馬遷が知るはずのない故事を知る楽しみを与えてくれる。

とにかく宣王は后《きさき》を喪《うしな》った。

宣王には七人の側室がいて、七人とも寵愛《ちょうあい》されているようにみえる。が、そのなかのひとりがつぎの后になるのである。孟嘗君はそのひとりを知るために臨淄《りんし》へゆき、宣王に七対の耳飾りを献上した。その耳飾りはすべておなじようにみえるが、ひとつだけ、格段に美麗なものがある。翌日、その特別な一対を耳につけた側室をみた孟嘗君は、

「あのかたを正夫人となさいますように」

と、宣王に言上した。

い、という存在である。

3　垂沙の役

食客は主君への忠義も国家への労働も強要されない。毎日、ぶらぶらしていればよい、という存在である。

そういう存在を保持するにはかなりの財力が要《い》る。数千人の食客を養うための財源はどこにあったのか。諸侯もその点に疑念をおぼえ、悠々と食客を養っている孟嘗君に驚嘆したのではないだろうか。薛は大国ではないのである。税で扶養費をまかなうとすれば、酷税となり、薛の国民はみな逃げだしてしまったであろう。しかしそういう事実はないのであるから、財源確保にべつのしかけがあったはずである。

ひとつは国家規模の投機をおこなっていたのではないか、ということである。ただし投機によって国家を支えつづけるのは至難といってよく、失敗すれば薛という国は破産する。

ほかには、斉から支援金がでていたか、あるいは、諸侯から顧問料が送られてきたか。推量すればさまざまな可能性にゆきあたるが、どれも傍証《ぼうしょう》を得られない。

とにかく孟嘗君の名は高くなる一方であったが、その実力が天下の人々に知られたのが、

「垂沙《すいさ》の役《えき》」

である。この戦いは紀元前三〇一年におこなわれた。

ここまで斉は宣王の時代である。宣王は比較的に無難に国政と外交をおこなったが、ひとつ大規模な外征をおこなった。北の国である燕《えん》を併呑《へいどん》すべく、軍を発して燕を滅亡寸前まで追い込んだ。燕王噲《かい》を殺し、公子をも殺害したが、燕国民の叛乱《はんらん》に遭い、趙《ちょう》の介入もあって兵を引いた。じつはこのことが、のちの斉国の命運に大いにかかわりをもつのであるが、宣王としてはいちおう燕を隷属させたので満足であった。

斉は文化面をふくめて栄えつづけたといってよい。

その間に、苦渋をなめていたのが楚《そ》の国である。楚は、秦の相となった張儀《ちょうぎ》の謀略に苦しめられた。張儀はおのれを笞殺《ちさつ》しようとした楚に復讎《ふくしゅう》しつづけた。張儀の口舌に馮《の》せられて斉との友好を切断した楚の懐王《かい》は、ほどなくだまされたことを知って大いに怒り、軍旅を催して秦を攻めた。だが大将をはじめ指揮官を七十余人も失い、

八万の甲士《こうし》（武装兵）を戦死させるという大敗を喫《きっ》した。ますます怒った懐王は、国内の兵をことごとく集めて秦を攻めたが、藍田《らんでん》というところで、ふたたび敗れた。その二度の大敗によって楚の軍事は秦の下風《かふう》に立たされ、外交的にも軟弱《なんじゃく》となった。ところが張儀を重用していた秦の恵文王《けいぶんおう》が亡くなり、武王《ぶ》が立つと、張儀は秦をでて魏《ぎ》へ往った。武王に嫌われていたからである。ついでにいえば魏の相となった張儀は一年後に亡くなった。武王の戦略の主眼は楚ではなく韓《かん》にむけられていたので、楚はひと息つくことができた。しかしながら秦の武王が事故によって急死してしまったので、またしても楚の外交はむずかしくなった。が、あらたに秦王として立った昭《しょう》王（昭襄王《しょうじょう》）は、意外に楚にたいして低姿勢で、懐王に厚く贈り物をした。そのため、気をよくした懐王は秦から婦人を迎えて、秦王室の姻戚《いんせき》となった。秦の昭王の低姿勢はつづき、かつて秦が攻め取った上庸《じょうよう》の地を楚に返還した。

秦への不信から韓、魏、斉との友好を回復しようとしていた懐王は、あっさりと外交の方針をあらため、秦との親善を第一とした。

「背盟《はいめい》である」

三国は軍をつらねて楚を攻めた。軍事の自信を失っている楚は、太子の横《こう》を人質として秦に送り、救援を請うた。秦はすぐさま軍を発して楚を援けたので、三国は軍を引いた。その後、秦は魏と韓にもけわしさをむけず、八方美人的外交をおこなった。鬼面をかくしていたといえなくはない。

ここまでは楚と秦の親善はつづいたが、ひとつの事件が両国の関係をそこなった。咸陽《かんよう》に住んで人質生活をおくっていた太子横が秦の大夫《たいふ》と争い、その大夫を殺して、逃げ帰ったのである。怒った秦は、韓と魏と斉を誘って楚を攻めることにした。韓は暴鳶《ぼうえん》、魏は公孫喜《こうそんき》、斉は匡章《きょうしょう》が将軍であるが、連合軍はつねにまとまりが悪く、成功したためしはすくない。そこでそれら将軍の上に孟嘗君をのせることになった。この発想は、韓、魏、斉のどこから生じたのかわからないが、この三国は秦を信用しておらず、急に秦が楚を援けるかもしれないと考えていた。それゆえ三国の軍に秦国の軍をくわえずに楚を攻めることにした。

そのころ楚は宛《えん》という大きな邑を中心に、三方（北東西）に長城を築いていた。南に長城がなかったのは沘水《ひすい》などの川がながれていたためで、それが巨大な濠《ほり》であった。地図を俯瞰《ふかん》すると、それは方形（正方形）にみえるので、当時でも、方城、と呼ばれていた。だいたいであるが一辺の長さは一一〇キロメートルはある。当時の一里は四

○五メートルであるから、北側の長城だけでも二百七十里ある。三国の連合軍はその方城へむかい、長城を越えることができないので、東側をまわって泚水に近づいた。楚は唐昧《とうばつ》を将として連合軍を迎え撃たせた。両軍は泚水をはさんで対峙《たいじ》し、半年がすぎた。睨《にら》みあいにあきたとおもったころ、連合軍の将はこういうわさをきいた。

「対岸の防備が厚いところは川が浅く、防備の薄いところは川が深い」

なるほどとおもった斉の匡章は、防備の厚いところを狙《ねら》い、夜に精兵とともに川を渡って急襲をおこなった。この襲撃によって敵陣を崩した斉軍は、泚水のほとりの垂沙において楚軍を大破し、唐昧を殺した。韓と魏の軍は方城のなかに進攻して宛を取った。

秦の首脳はその三国の軍の大勝を、

——孟嘗君の威と徳が大きいからだ。

と、みた。なおこの年に斉の宣王が亡くなり、子の湣《びん》王が立った。

4　武霊王の陰謀

垂沙の役のあと、楚の衰えは天下に知られ、中華を動かす者は、孟嘗君である、といわれるようになった。

——それを利用しよう。

と、考えたのが、秦の相となった魏冄《ぎぜん》であり、

——孟嘗君の思い通りにさせてたまるか。

と、考えたのが、趙《ちょう》の武霊《ぶれい》王である。

孟嘗君、魏冄、武霊王という三人から目をはなせない時代となった。

魏冄は、秦の昭王を産んだ宣太后《せんたいこう》の弟である。昭王の兄である武王が急死したあと、秦では後継をめぐって内乱があり、魏冄はその乱をおさめて、姉の子を秦王に立てた。

だが、秦には恵文王（武王と昭王の父）の異腹の弟である樗里疾《ちょりしつ》という実力者がいて、かれの支持をとりつけて昭王を立てたといういきさつがあったので、魏冄は国政に口

だしをすることができなかった。が、垂沙の役があった年の翌年に、樗里疾が死去したのである。そのため魏冄が相の席に坐《すわ》ることとなった。魏冄は姉の子である昭王を、すべての君主が入朝する国の王にしたかった。要するに、秦王朝を天下王朝に格あげしたかった。しかしながら昭王はまだ若く、魏冄の名も天下に知られていない。それにひきかえ孟嘗君の名を知らぬ者はいない。

――孟嘗君を秦に招くことはできないか。

そう魏冄は考えた。考えただけではない。孟嘗君を秦に招くための手を打った。昭王の同母弟である涇陽君《けいようくん》を人質として斉に送り、湣王のゆるしを得ようとした。

そういう動きを予測して、

――わが国は孤立しかねない。

と、恐れたのが趙の武霊王である。この王は粛侯《しゆく》の子で、王として立ってからさほどめだつことをしなかったのは、ずいぶん若かったせいである。即位してから九年間も聴政《ちょうせい》をおこなわなかったのは、この王であったといってよい。ただし、その間にさまざまなことを考えていたようである。自問自答をくりかえしたすえに、はっきりしたことは、

——趙は、中華諸国のまねをしていては、強くなることができない。

ということである。趙の国土は広大である。が、その広大さを活《い》かしていない。また趙と燕のあいだに中山《ちゅうざん》という国があり、この国の存在が趙にとって目ざわりである。それらの難件をかたづけるのは、どうしたらよいか。

ようやくみずから聴政をおこなうようになった武霊王は、秦の武王が急死するまえに、あるいは孟嘗君が薛に封ぜられたあとに、首都の邯鄲《かんたん》をでて、はるばると呼沱水《こたすい》のほとりにある九門《きゅうもん》へ往き、そこからさらに北へすすんだところに野台《やだい》を築き、中山と斉の国境を遠望した。野台は野望の台といいかえてもよいであろう。視《み》る、ということは、呪《のろ》う、ということでもあったのは古代の常識であるが、おそらく武霊王はそれを儀式的におこなった。

——これから中山を討滅する。

と、誓ったのである。実際、趙が中山を攻めはじめたのは、秦の武王が死去した年であり、その年から十一年後に、中山を滅亡させる。武霊王は大胆に軍制改革をおこなった。

「胡服騎射《こふくきしゃ》」

胡服騎射の模式図

騎兵を充実させるために、従来の衣服をやめて、北方の異民族とおなじ服装、すなわちズボンの着用を命じ、騎乗して弓矢をつかえるようにした。馬にアブミが付くのは後漢時代である。裸馬に乗って矢を放て、ということに比《ちか》い。なお武霊王は乗馬用に履《くつ》をつくらせた。中国人で長靴を最初にはいた人は武霊王であろう。

さらに武霊王は秦の昭王と魏冄に恩を売った。武王の後継者が定まらないとみた武霊王は、趙固《ちょうこ》という者を燕へ遣《や》って、燕で人質生活をおくっていた秦の公子稷《しょく》を迎えさせ、秦へ送り込んだ。この公子稷が立って昭王となったのである。

したがって、秦と趙のむすびつきが強固になったのは当然である。秦と趙が連携して、孟嘗君を中心に結束しはじめた斉、魏、韓を打倒するというのが武霊王の構想であった。趙と秦は姓がおなじ嬴《えい》であるので、嬴姓による天下支配をもくろんだともいえる。孟嘗君の威力が垂沙の役で発揮されたことを知った武霊王は、謀臣である楼緩《ろうかん》を秦へ送り、秦の外交がゆがまないように監視させた。

ところが魏冄は孟嘗君を秦に招いて相の席に坐らせようとしている。それが実現すれば、秦、韓、魏、斉、楚という連横《れんこう》が成立して、趙だけが敵視されることになる。

——まずい。

諸国に武霊王は配下を送り、諸侯と孟嘗君との関係を断ち切らせようとしているが、いまのところ効果はない。斉には趙爵《ちょうしゃく》という者を送り、孟嘗君が秦へゆくことをさまたげるように暗躍させた。孟嘗君はほんとうに秦へゆくのか。

第八章　孟嘗君と斉国の命運

孟嘗君が秦を抜けた際に通ったとされる函谷関古道（CPC）

1　孟嘗君秦へゆく

孟嘗君《もうしょうくん》は秦《しん》へゆくことに決めた。

が、約束をほとんど守らず、貪欲《どんよく》な秦に、不信感をいだく者が多く、

「どうかおとりやめください」

と、孟嘗君にいう者が千人以上いた。それでも孟嘗君はもはや再考しなかった。このあたりに父ゆずりの頑固さがあらわれている。

「わたしは人の世のことは、知り尽くしている。知らないのは、あの世のことだけである」

そう豪語した孟嘗君は秦に害意《がいい》はないとみている。このとき斉《せい》に蘇秦《そしん》の弟の蘇代《そだい》がいて、こういった。

「わたしがここにくるとき、淄水《しすい》のほとりを通りすぎました。するとそこに泥人形と桃の木の人形がいて、語り合っていました。桃の木の人形はこういいました。あなた

は西岸の土であり、こねられて人のかたちになっている。しかし八月になると、大雨がふり、淄水があふれると、あなたはこわれてしまうだろう。すると泥人形はこう答えました。たしかにわたしは西岸の土だ。こわれると西岸に復《かえ》るだけだ。ところで、あなたは東国の桃の木でできた人形だ。木を刻削《こくさく》して、人のかたちになっている。大雨がふって淄水があふれると、水はあなたをながしてしまう。水に漂《ただよ》うあなたは、どうするつもりなのか。そういうことを語り合っていたのです。秦は四塞《しそく》の国です。たとえば虎口《ここう》のようなものです。それなのに君はそこにはいろうとなさっている。でも、わたしは君がどこからでるのか、わかりません」

巧《うま》い譬《たと》えである。

西岸の土でできた泥人形とは、斉で人質となった涇陽君《けいようくん》であろう。東国の桃の木でできた人形とは、いうまでもなく孟嘗君である。四塞の国とは、四方がふさがっていて攻めにくい国をいう。秦のことである。実際、秦にはさまざまな関塞《かんさい》がある。それらのなかでも、

東の函谷関《かんこくかん》

南の武関《ぶかん》

西の散関《さんかん》
北の蕭関《しょうかん》

という四つが有名である。難攻不落ともいえる四つの関塞のなかに、いったんはいってしまえば、どこからでてくるのか、と蘇代は孟嘗君のために危惧《きぐ》したのである。さすがの孟嘗君もこの諫言《かんげん》には耳をかたむけ、いちどは秦へゆくことをやめた。だが、斉の湣《びん》王が涇陽君をうけいれたかぎり、秦へゆかざるをえなかったとおもわれる。

「ゆくぞ――」

孟嘗君は臣下と食客《しょっかく》を従えて出発した。その年というのは、おそらく紀元前二九九年であろう。この年は、趙《ちょう》の武霊《ぶれい》王が公子何《か》へ国をゆずって、主父《しゅほ》、と自称したほかに、楚《そ》の懐《かい》王が秦の昭《しょう》王にあざむかれ、会見にでかけてゆき、武関を閉ざされて拘束されるという大事件があった。けっきょく懐王は帰国することができず、客死することになる。まさに懐王は南国の桃の木でできた人形となった。

昭王のうしろには魏冄《ぎぜん》か楼緩《ろうかん》がいたにちがいなく、天下の人々が眉をひそめるような詐謀《さぼう》を断行させるには、時がふさわしくないようにおもわれる。たしかに前年に、楚は秦に攻められて大敗し、恐れた懐王は斉に助力を求めるために太子横《こう》を人質として斉へ送ったという事実はある。それを怒った秦が、懐王をだまして捕らえた、というのは少々解《げ》せない。秦は懐王をだまして連れ去らなければならないほど弱い立場ではない。軍事ではつねに楚を圧倒している。ただし昭王と懐王の会見の地が武関であるというのは、懐王の捕捉《ほそく》を秦は予定していたと考えるのがふつうである。秦と楚の関係において、なにか重要なことが文献的にぬけているようにおもわれるが、どうであろう。

懐王は楚に帰ることなく秦で亡くなった。この顚末《てんまつ》を、楚の国民は、懐王は秦にだまされて殺された、と解した。かれらは、

「懐王ほど哀れな王がいようか」

と、語り合い、さらに、

「秦ほど憎むべき国はない」

と、語り合った。ちなみにこの怨咨《えんし》は楚という国が滅んでも生きつづけ、秦の始皇帝が死去したあとに、叛乱というかたちで爆発する。叛乱軍の首魁《しゅかい》となった項梁《こうりょう》（項羽《こうう》の季父《おじ》）が、懐王の子孫をさがしだして楚王として立てたのも、このいきさつを知らなければ、理解がとどかない。

孟嘗君が秦に入国したとき、すでに懐王は幽閉されていたとおもわれるが、孟嘗君がその幽閉を解くべく、昭王などを説いたというような記事はどこにもみあたらない。懐王が変心しやすい人で、盟約を守ることができない人であることは、たしかである。

「よくぞ、きてくださった」

昭王に迎えられた孟嘗君は、ただちに相《しょう》の席を与えられた。魏冄と楼緩はめだたぬところに退いた。

2　雞鳴狗盗

趙の主父《しゅほ》（武霊王）は楼緩からの報《しら》せで、孟嘗君が秦にはいって相に任ぜられたことを知り、不快げに熟考していたが、やがて、

――孟嘗君を殺しやすくなったかもしれぬ。

と、おもった。しかも、秦の昭王に孟嘗君を殺させれば、かならず秦と斉の関係はこじれる。

主父は楼緩に密命を与えた。

「秦王に孟嘗君を殺害させるように――」

秦にいてこの密命を承《う》けた楼緩は、さっそく昭王に近づき、

「孟嘗君は賢いうえに斉の王族です。いまは秦の相ですが、かならず斉を有利にするのが先で、秦のことをあとまわしにするでしょう。秦は危うくなります」

と、説いた。

――なるほど……。

と、昭王がおもったということは、秦に魏冄がいなかったと推理したい。昭王は母の宣太后《せんたいこう》か魏冄に諮《はか》っては命令をくだすのがつねであり、ここでも、

「楼緩がそのように申したが、どうであろう」

と、魏冄がいれば詢《と》うたはずである。それにたいして魏冄が、

「それは良い考えです」

と、いうはずがない。ただし楼緩は武霊王の謀臣でありながら、秦の国政に参与することができた。戦国時代には、一国の相が他国の相を兼《か》ねることがある。その点でも、おもしろい時代である。

昭王は孟嘗君を囚《とら》えて殺そうとした。孟嘗君の邸宅は秦の役人に包囲された。

——やはり、秦にはくるべきではなかった。

招いておいて捕らえようとする。秦の昭王は楚の懐王におこなったとおなじことを孟嘗君にもした。孟嘗君は後悔した。かれが秦にきたのは天下の平安のためである。斉に利益をもたらすためではない。

——このままでは殺される。

孟嘗君はひそかに人を昭王の幸姫《こうき》のもとへ遣《や》った。幽閉を解いてくれるように、幸姫にたのんだのである。寵愛する夫人のいうことであれば、昭王はききいれるであろう。だが、その幸姫は、

「狐白裘《こはくきゅう》をくだされば、王に申し上げましょう」

と、少々欲の深いことをいった。その返辞を知った孟嘗君は困惑した。狐白裘とは狐のわきの下の毛を集めて作った皮衣《かわごろも》で、千金をださなければ買うことができない。じつは孟嘗君は秦の昭王に謁見したときに、斉からもってきたそれを献上してしまった。幸姫はそれをみていたのである。しかし天下にふたつとないような物が、孟嘗君の手もとに、もうひとつあるはずがない。

――困った。

孟嘗君は客を集めて方策を問うた。客たちはみな黙っている。するともっともうしろに坐っていた者が、

「わたしにおまかせください」

と、いった。その者とは狗盗《くとう》であり、狗《いぬ》のごとく夜中を走り、家にしのびこんで物を盗んでくる者である。客のなかにこういう者がいた。

「たのんだぞ」

孟嘗君の声をきいた狗盗は、秦の宮殿の蔵にしのびこんで、献上品である狐白裘をもって帰ってきた。

「よく、やった」

さっそく孟嘗君はこの狐白裘を幸姫に献上させた。効果はてきめんで、ほどなく孟嘗君は釈放された。しかしながら昭王が幸姫の狐白裘に気づくのは時間の問題であり、ぐずぐずしていればふたたび捕らえられてしまうとおもった孟嘗君は、

「斉へ、帰るぞ――」

と、従者を起《た》たせ、咸陽《かんよう》をすみやかに脱出した。やがて昭王は孟嘗君とその配下が

都内にいないことを知り、

「追って、捕らえよ」

と、命じた。追捕《ついほ》の者がいっせいに騎馬で発した。

咸陽から東へ東へといそいだ孟嘗君とその従者は、ついに函谷関にさしかかった。ここをでると、韓《かん》の国は遠くない。

あたりは闇《やみ》といってよく、当然のことながら、関は閉じられている。夜が明けなければ関は開かない。

「しかたがない。夜明けを待とう」

全員、静かに空が白むのを待った。だが、ずいぶん待ったのに、天空は夜の色である。胸騒ぎがしてきたのは孟嘗君だけではない。従者も落ち着かなくなった。わずかに東の天の色が変わった。それでも門は閉じられたままである。雞《にわとり》が鳴かなければ、関の役人は門を開かない。すると、客のなかのひとりが、

「わたしがやってみましょう」

と、起った。かれは雞の鳴きまねが巧《うま》かった。かれは雞の声で鳴いてみせた。この声をきいた関内の雞がいっせいに鳴きはじめた。

函谷関の門は開いた。

孟嘗君と従者が関外にでた直後に、追捕の騎馬が関に到着し、すでに孟嘗君たちがこの関を通過したことを知って、むなしく馬を返した。この話は、ひとくちに、

「雞鳴狗盗《けいめいくとう》」

と、いわれる。雞鳴と狗盗のふたりを従者にくわえたとき、ほかの客は、

「あのような者を、おつれになるのですか」

と、難色をしめした。が、そのふたりに助けられたあと、客たちは孟嘗君の眼力に感服した。日本人にとっても、この話はおもしろかったらしく、清少納言は、

夜をこめて鳥の空音《そらね》ははかるともよに逢坂《おうさか》の関《せき》は許さじ

と、詠《よ》んだ。夜が深いのに、雞のうそ鳴きで関をあけさせようとしても、逢坂の関ではそうはいきません、という意味である。江戸の川柳にもこういうものがある。

こりはてて函谷関に時計出来《でき》

3　孟嘗君の報復

孟嘗君はどれほど秦にいたのであろうか。

一年間どころか半年間もいなかったかもしれない。

かれが函谷関を脱出したのは、冬なのか春なのか、わからないが、昭王の幸姫が狐白裘を欲したということを想えば、寒いころなのであろう。とにかく孟嘗君が斉に帰国したのは、秦に入国した翌年である。湣王は孟嘗君を出国させたことを悔いていたので、その帰国を喜び、ただちにかれを斉の相に任じて、国政をまかせた。

孟嘗君にはなすべきことがある。秦への報復である。

韓と魏《ぎ》に使いをだして、

「秦を攻めるので、協力してもらいたい」

と、要請した。孟嘗君の怒りはわかるが、かつて合従《がっしょう》の軍が秦を攻めて、成功したことがないので、二国の首脳は二の足を踏んだ。要するに秦軍と戦って勝った中《ちゅう》原《げん》諸国の将はひとりもいない。どれほど孟嘗君に盛名があっても、秦軍を相手の戦場ではその盛名は効《き》かない。が、孟嘗君は、さきの垂沙《すいさ》の役では、韓と魏に失地を回復させたのに、斉はなにも取らなかったといい、ついに韓と魏に軍をださせた。

三国の連合軍を率いて、孟嘗君は西征《せいせい》を敢行した。斉軍はかつて孫臏《そんぴん》がつくってくれた編成であり、この弩《ど》の多い軍が、迎撃の秦軍を大破した。進撃した連合軍は秦の殽塞《こうさい》（殽山の要塞）を突破し、なんと函谷関に迫った。ここまできた中原の将兵はかつてひとりもおらず、函谷関を遠望したかれらは、

「あれが函谷関か……」

と、感慨にふけった。が、孟嘗君は函谷関を攻めず、敗報に接してふるえあがった昭王に、二、三の要求をおこなった。そのひとつが、

「抑留《よくりゅう》している楚王を、帰国させること」

ということであったが、昭王はそれを拒絶した。

連合軍は引き揚げた。中原と東方の民は快哉《かいさい》を叫んだ。これほど痛快なことは近年なかった。孟嘗君の驍名《ぎょうめい》はさらに高くなった。やがて斉では、

「孟嘗君はいるが、斉王はいない」

とさえいわれるようになった。一方、孟嘗君の抹殺《まっさつ》をたくらんだ趙の主父は、中《ちゅう》山《ざん》を滅亡させたつぎの年である紀元前二九五年に、沙丘《さきゅう》と呼ばれる地にある離宮を、子の恵文《けいぶん》王（公子何《か》）の兵に囲まれ、そのなかで死去した。それは、

「沙丘の乱」

と、呼ばれる。恵文王は父を憎んでいたわけではなく、王位を狙う兄の公子章《しょう》（かつての太子）の叛乱を鎮めるために兵をだしたところ、公子章が父のいる沙丘の離宮に逃げ込んだため、兵は離宮を包囲してしまい、主父をも殺すことになったのである。この事件は間接的に斉の命運にかかわることになる。生国である中山国の滅亡によって趙へ移住し、沙丘の乱をみて、趙をでて魏へ往き、魏王の使者となって燕《えん》へ行ったひとりの傑人がいた。

「楽毅《がっき》」

である。かれは燕へゆくと、燕の昭王に口説かれて、燕にとどまることになり、昭王の臣下となった。

ここで、燕は斉軍に攻められて滅亡寸前となったことがある、という事実を憶《おも》いださねばならない。父の燕王噲《かい》を斉軍に殺された昭王は、斉に隷属しながら、

――いつか斉を滅ぼしたい。

と、復讎《ふくしゅう》の火を脳裡で保ちつづけた。あるとき昭王は見識の高い郭隗《かくかい》先生のもとへゆき、本心をうちあけた。

「斉は、わが国の乱に乗じて、破滅同然の燕を襲いました。燕はきわめて小さな国で、この国力では、大国である斉に報復することができないことを承知しております。しかしながら、天下の賢士《けんし》を得て、国政をともにして、先王の恥を雪《すす》ぐのが、わたしの願いです。それゆえ、あえて問います。一国をもって仇《あだ》に報いるには、どうすればよいのでしょうか」

この問いにたいする答えは、明確であった。

「まず、隗《かい》より始めよ」

すなわち、郭隗は、隗《わたし》を招いて厚遇しなさい、といった。郭隗ごときが昭王に厚遇されると天下に知られれば、千里を遠しとせずにやってくる賢士がかならずいる。

この献言を容《い》れた昭王は、すぐに郭隗のために宮殿を築いて、かれを師とした。その後、斉の騶衍《すうえん》、趙の劇辛《げきしん》などがきたが、国政と軍事をまかすことができる大才の楽毅をみつけたのは、天祐《てんゆう》といってよい。昭王の執念が、天を動かしたというべきであろうか。

4　晩年の孟嘗君

ひとり、風変わりな男が孟嘗君の食客となった。

馮諼《ふうけん》（『史記』では馮驩《ふうかん》）という。

かれを面接した孟嘗君は、何が好きか、と問うた。馮諼は、これといって好きな物はない、と答えた。

「何ができるか」

「これといって――」

孟嘗君は笑って、諾《だく》、といった。食客にしよう、ということである。この客は下級の宿舎である伝舎《でんしゃ》に住むこととなった。やがて孟嘗君の側近が、

「あの好みもなく、能もない者は、毎日柱によりかかり、剣の柄《つか》をたたいては、長剣よ、さあ帰ろう、ここの食事に魚なし、と歌っています」

と、告げた。孟嘗君は、魚を食べさせてやれ、といった。馮諼は中級の宿舎である幸舎《こうしゃ》へ移った。だが、馮諼は歌うことをやめない。

「長剣よ、さあ帰ろう、外出するに車なし」

孟嘗君は、乗り物を用意してやれ、といった。馮諼は上級の代舎《だいしゃ》へ移った。代舎から歌がきこえた。

「長剣よ、さあ帰ろう、これではとても暮らせない」

それをきいた側近たちは、眉をひそめ、欲が深いのもほどがある、といった。孟嘗君は馮諼のもとへゆき、

「親はあるのか」

と、訊いた。

「老母がいます」

孟嘗君は人を遣《や》って、老母を貧困におちいらないようにさせた。ようやく馮諼の歌は熄《や》んだ。その後、孟嘗君は政務に多忙なので、薛《せつ》からの債券《さいけん》がたまったにもかかわらず、取り立てのことがおこなえなかった。そこで孟嘗君にかわって取り立てをおこなってくれる者を募《つの》ったところ、手を挙げたのが馮諼であった。

旅装の馮諼は、車に債券を積み込んだあと、

「取り立てを終えたら、何を買ってきましょうか」

と、孟嘗君にいった。孟嘗君は機嫌よく、

「わが家にめったにない物を買ってきてもらおう」

と、答えて、かれを送りだした。

薛に到着した馮諼がやったことといえば、債務を負っている者たちを集めて、債券をあわせたあと、その券をことごとく焼いてしまったということである。民はそろって万歳《ばんざい》を唱《とな》えた。

馮諼が臨淄に帰ってきた。

——早すぎないか。

と、怪しんだ孟嘗君は、さっそく馮諼を引見した。

「取り立てが終わって、何を買ってきてくれたのか」

「義を買ってまいりました」

事情を知った孟嘗君は、慍《むっ》と不機嫌になり、先生はさがってくだされ、としりぞけた。

このあと宮中で事件が起こった。

田甲《でんこう》という者が湣王をおびやかした。その田甲を使嗾《しそう》したのが孟嘗君であると疑われたため、孟嘗君は薛へ奔《はし》らなければならなくなった。薛が近づいたとき、孟嘗君はふしぎな光景をみた。老若男女が手をたずさえて、孟嘗君を出迎えにきたのである。孟嘗君は馮諼をかえりみて、

「先生がわたしのために義を買ってくださったわけを、今日、はじめてみました」

と、感動していった。

いったん薛に帰った孟嘗君は、魏へ往って相となった。

それから十年後に、斉は楽毅に率いられた五国（燕、秦、韓、魏、趙）の軍に攻められて大敗し、湣王は殺され、莒《きょ》と即墨《そくぼく》という邑を残して、すべてを燕軍に占領された。そのときから楽毅の占領行政がはじまるが、孟嘗君は薛に帰って悠々とすごしていたであろう。孟嘗君が亡くなるのは紀元前二七九年であり、その年に、燕の名君というべき昭王も亡くなり、あとを継いだ燕の恵王がまれにみる暗君であったため、楽毅をほかの将と替えようとしたことで、斉に復興の機会を与えてしまった。孟嘗君歿後の薛では、後継争いが生じ、そこにつけこまれて、斉と魏に滅ぼされた。

のちに諸国をめぐった司馬遷は、薛の近くを通ったが、

「孟嘗君が天下の任俠《にんきょう》の徒を招致したため、いかがわしい者が邑内に多く、およそ六万余の家があった」

と、地元の人からきいた。

系図・本書関係年表

系図

〔姜斉公室〕

- 太公望呂尚《たいこうぼうりょしょう》……
  - 襄《じょう》公諸児《しょげい》
  - 公子糾《きゅう》（糺《きゅう》）
  - 桓《かん》公小白《しょうはく》
    - 武孟《ぶもう》（無虧《むき》）
    - 恵《けい》公元《げん》
      - 頃《けい》公無野《むや》
        - 霊《れい》公環《かん》
          - 荘《そう》公光《こう》
          - 景《けい》公杵臼《しょきゅう》
            - 悼《とう》公陽生《ようせい》
              - 簡《かん》公壬《じん》
              - 平《へい》公驁《ごう》
                - 宣《せん》公積《せき》
                  - 康《こう》公貸《たい》
            - 安孺子《あんじゅし》荼《と》
    - 孝《こう》公昭《しょう》
    - 昭《しょう》公潘《はん》
      - 舎《しゃ》
    - 懿《い》公商人《しょうじん》

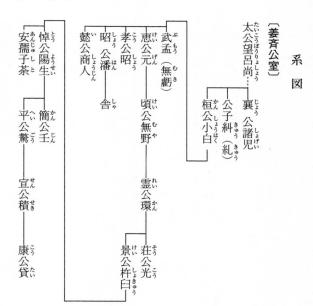

〔田斉王室〕（一部推定）

陳完《ちんかん》（敬仲《けいちゅう》）……須無《しゅむ》（文子《ぶんし》）

- 無宇《むう》（桓子《かんし》）
  - 開《かい》（武子《ぶし》）
  - 乞《きつ》（僖子《きし》）――恒《こう》（成子《せいし》）（田常《でんじょう》）――盤《はん》（班《はん》）（襄子《じょうし》）
  - 書《しょ》（子占《しせん》）
- 白《はく》（伯《はく》）（荘子《そうし》）――悼子《とうし》――和《か》
  - 剡《えん》
  - 桓《かん》公午《ご》
- 威《い》王因斉《いんせい》――宣《せん》王辟彊《へききょう》――湣《びん》王地《ち》――襄《じょう》王法章《ほうしょう》――王建《けん》
- 靖郭君嬰《せいかくくんえい》――孟嘗君文《もうしょうくんぶん》

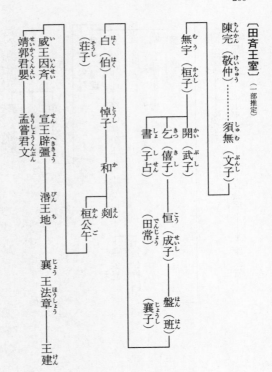

〔楚王室〕

恵《けい》王章《しょう》——簡《かん》王中《ちゅう》（仲）——声《せい》王当《とう》——悼《とう》王類《るい》（疑《ぎ》）——┬粛《しゅく》王臧《ぞう》
　　　　　　　　　　　　　　　　　　　　　　　　　　　　　　　└宣《せん》王良夫《りょうふ》

——威《い》王商《しょう》——懐《かい》王槐《かい》——頃襄《けいじょう》王横《こう》——考烈《こうれつ》王完《かん》（元《げん》）——┬幽《ゆう》王悍《かん》
　　　├負芻《ふすう》
　　　└哀《あい》王郝《かく》（猶《ゆう》）

〔魏王室〕

畢万《ひつまん》……桓子《かんし》——□——文《ぶん》侯斯《し》（都《と》）——武《ぶ》侯撃《げき》——恵《けい》王罃《おう》——襄《じょう》王嗣《し》

——昭《しょう》王遬《そく》——安釐《あんき》王圉《ぎょ》——景湣《けいびん》王増《ぞう》（午《ご》）——王仮《か》

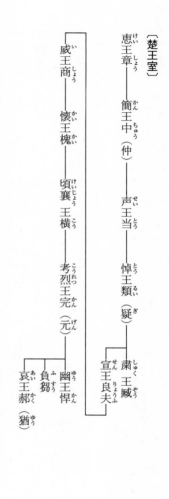

〔趙王室〕

造父《ぞうほ》……趙衰《ちょうし》（成子《せいし》）――趙盾《ちょうとん》（宣子《せんし》）――趙朔《ちょうさく》（荘子《そうし》）――趙武《ちょうぶ》（文子《ぶんし》）

趙成《ちょうせい》（景子《けいし》）――趙鞅《ちょうおう》（簡子《かんし》）――伯魯《はくろ》――代成君周《だいせいくんしゅう》――献《けん》侯浣《かん》

趙無恤《ちょうぶじゅつ》（襄子《じょうし》）

嘉《か》（桓子《かんし》）

烈《れつ》侯籍《せき》――敬《けい》侯章《しょう》――成《せい》侯種《しょう》――粛《しゅく》侯語《ご》――武霊《ぶれい》王雍《よう》――恵文《けいぶん》王何《か》

武《ぶ》公

孝成《こうせい》王丹《たん》――悼襄《とうじょう》王偃《えん》――（幽穆《ゆうぼく》）王遷《せん》

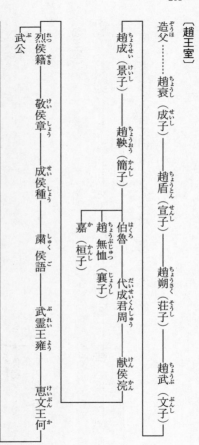

〔秦王室〕

悼公《とう》—厲共公《れいきょう》—┬躁公《そう》
　　　　　　　　　　　└懐公《かい》—┬昭子《しょう》—霊公《れい》—献公《けん》—孝公《こう》渠梁《きょりょう》
　　　　　　　　　　　　　　　　　　└簡公《かん》（悼子《とう》）—恵公《けい》—出子《しゅっし》（出公《しゅっ》）

孝公渠梁—恵文王《けいぶん》駟《し》（泗《し》）—┬武王《ぶ》蕩《とう》
　　　　　　　　　　　　　　　　　　　　　└昭王《しょう》（昭襄王《しょうじょう》）稷《しょく》（則《そく》）—孝文王《こうぶん》柱《ちゅう》—荘襄王《そうじょう》子楚《しそ》—政《せい》（始皇帝）

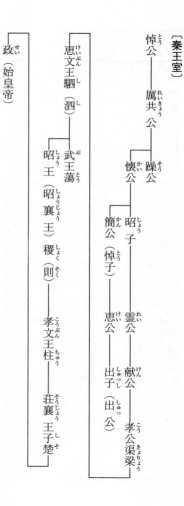

本書関連年表

紀元前	周	秦	韓	魏	趙	燕	楚	斉	事柄
三六一	顕王 八	孝公 一	昭侯 二	恵王 九	成侯 一四	文公 一	宣王 九	桓公 一四	（四月）安邑より大梁に遷都する（魏）。この年、公孫鞅（衛鞅）、秦に入る
三六〇	九	二	三	一〇	一五	二	一〇	一五	
三五九	一〇	三	四	一一	一六	三	一一	一六	
三五八	一一	四	五	一二	一七	四	一二	一七	魏は秦との国境に長城を築く
三五七	一二	五	六	一三	一八	五	一三	一八	斉の桓公（田午）卒し、子の因斉立つ（威王）。鄒忌（騶忌）、斉の相となる
三五六	一三	六	七	一四	一九	六	一四	威王 一	秦は第一次の変法をおこなう。斉は鄒忌を下邳に封ず。成侯と称する
三五五	一四	七	八	一五	二〇	七	一五	二	魏の恵王と斉の威王、都の郊で会見し、宝について論ずる
三五四	一五	八	九	一六	二一	八	一六	三	
三五三	一六	九	一〇	一七	二二	九	一七	四	（十月）魏は趙の邯鄲を降す。斉は趙のために桂陵で魏を大破す。桂陵の戦い
三五二	一七	一〇	一一	一八	二三	一〇	一八	五	
三五一	一八	一一	一二	一九	二四	一一	一九	六	申不害、韓の相となる

三五〇	一九	一二	一三	二〇	二五	一二	二〇	七	秦は第二次の変法をおこなう
三四九	二〇	一三	一四	二一	粛侯一	一三	二一	八	
三四八	二一	一四	一五	二二	二	一四	二二	九	
三四七	二二	一五	一六	二三	三	一五	二三	一〇	
三四六	二三	一六	一七	二四	四	一六	二四	一一	衛鞅は太子の師傅を処罰する
三四五	二四	一七	一八	二五	五	一七	二五	一二	
三四四	二五	一八	一九	二六	六	一八	二六	一三	
三四三	二六	一九	二〇	二七	七	一九	二七	一四	
三四二	二七	二〇	二一	二八	八	二〇	二八	一五	馬陵の戦い。田忌と田嬰は孫臏を軍師とし、馬陵において魏を大敗させる
三四一	二八	二一	二二	二九	九	二一	二九	一六	
三四〇	二九	二二	二三	三〇	一〇	二二	三〇	一七	
三三九	三〇	二三	二四	三一	一一	二三	威王一	一八	
三三八	三一	二四	二五	三二	一二	二四	二	一九	衛鞅、亡命後、帰国し、処刑される
三三七	三二	恵文王一	二六	三三	一三	二五	三	二〇	韓の申不害卒す
三三六	三三	二	二七	三四	一四	二六	四	二一	

紀元前	周	秦	韓	魏	趙	燕	楚	斉	事柄
三三五	顕王 三四	恵文王 三	昭侯 二八	恵王 三五	粛侯 一五	文公 二七	威王 五	威王 二二	
三三四	三五	四	二九	更元 一	一六	二八	六	二三	田嬰、斉の相となる。恵施、魏の相となる。斉と魏は徐州で会見し、ともに王となる
三三三	三六	五	三〇	二	一七	二九	七	二四	楚は徐州を囲む。張丑、田嬰のために楚軍を去らす
三三二	三七	六	宣恵王 一	三	一八	易王 一	八	二五	
三三一	三八	七	二	四	一九	二	九	二六	
三三〇	三九	八	三	五	二〇	三	一〇	二七	
三二九	四〇	九	四	六	二一	四	一一	二八	張儀、秦に入る
三二八	四一	一〇	五	七	二二	五	懐王 一	二九	張儀、秦の相となる
三二七	四二	一一	六	八	二三	六	二	三〇	
三二六	四三	一二	七	九	二四	七	三	三一	
三二五	四四	一三	八	一〇	武霊王 一	八	四	三二	秦の君主と韓の君主ともに王となる

三二四	四五	更元一	九	一一	二	九	五	三三	
三二三	四六	二	一〇	一二	三	一〇	六	三四	五国の君主ともに王となる（魏、韓、趙、燕、中山）
三二二	四七	三	一一	一三	四	一一	七	三五	斉は田嬰を薛に封ず
三二一	四八	四	一二	一四	五	一二	八	三六	
三二〇	慎靚王一	五	一三	一五	六	燕王噲一	九	三七	斉の威王卒し、子の辟彊立つ（宣王）
三一九	二	六	一四	一六	七	二	一〇	宣王一	
三一八	三	七	一五	襄王一	八	三	一一	二	宋、はじめて王と称す
三一七	四	八	一六	二	九	四	一二	三	
三一六	五	九	一七	三	一〇	五	一三	四	
三一五	六	一〇	一八	四	一一	六	一四	五	
三一四	赧王一	一一	一九	五	一二	七	一五	六	斉は燕を伐つ
三一三	二	一二	二〇	六	一三	八	一六	七	張儀は楚をあざむく
三一二	三	一三	二一	七	一四	九	一七	八	秦は楚を大破する

紀元前	周	秦	韓	魏	趙	燕	楚	斉	事柄
三一一	赧王 四	恵文王 一四	襄王 一	襄王 八	武霊王 一五	昭王 一	懐王 一八	宣王 九	燕王は賢人を求める
三一〇	五	武王 一	二	九	一六	二	一九	一〇	斉は田文を薛に封ず。恵施、卒す
三〇九	六	二	三	一〇	一七	三	二〇	一一	秦はじめて丞相を置く。右丞相は樗里疾、左丞相は甘茂
三〇八	七	三	四	一一	一八	四	二一	一二	秦は韓の宜陽を攻める
三〇七	八	四	五	一二	一九	五	二二	一三	（八月）秦の武王、卒す。趙は胡服騎射を定む
三〇六	九	昭王 一	六	一三	二〇	六	二三	一四	秦の甘茂、斉へ奔る
三〇五	一〇	二	七	一四	二一	七	二四	一五	
三〇四	一一	三	八	一五	二二	八	二五	一六	
三〇三	一二	四	九	一六	二三	九	二六	一七	
三〇二	一三	五	一〇	一七	二四	一〇	二七	一八	楚の太子横、秦より本国へ逃げ帰る
三〇一	一四	六	一一	一八	二五	一一	二八	一九	垂沙の役、斉、韓、魏は連合して楚を攻める
三〇〇	一五	七	一二	一九	二六	一二	二九	湣王 一	秦の樗里疾、卒し、魏冄、相となる

二九九	一六	八	一三	二〇	二七	一三	三〇	二	（五月）趙の武霊王は何に国をゆずり、みずから主父と称す。秦は楚の懐王を捕らえる。楚は頃襄王横を立てる。孟嘗君、秦の相となる
二九八	一七	九	一四	二一	恵文王 一	一四	頃襄王 一	三	孟嘗君は秦より逃げ帰る。孟嘗君は斉の相となり、韓と魏とともに秦を伐ち、函谷関に至る
二九七	一八	一〇	一五	二二	二	一五	二	四	
二九六	一九	一一	一六	二三	三	一六	三	五	楚の懐王、秦に卒す。趙は中山を滅ぼす
二九五	二〇	一二	釐王 一	昭王 一	四	一七	四	六	沙丘の乱、趙の武霊王、沙丘宮において死す。燕王は楽毅を亜卿とする
二九四	二一	一三	二	二	五	一八	五	七	斉の田甲、王を恫す。孟嘗君、薛へ奔り、魏に至り、相国となる。呂礼は斉の相国となる
二九三	二二	一四	三	三	六	一九	六	八	
二九二	二三	一五	四	四	七	二〇	七	九	
二九一	二四	一六	五	五	八	二一	八	一〇	
二九〇	二五	一七	六	六	九	二二	九	一一	
二八九	二六	一八	七	七	一〇	二三	一〇	一二	

紀元前	周	秦	韓	魏	趙	燕	楚	斉	事柄
二八八	赧王 二七	昭王 一九	釐王 八	昭王 八	恵文王 一一	昭王 二四	頃襄王 一一	湣王 一三	（十月）秦と斉は帝を称す。（十二月）秦と斉は王にもどる
二八七	二八	二〇	九	九	一二	二五	一二	一四	
二八六	二九	二一	一〇	一〇	一三	二六	一三	一五	斉は宋を滅ぼす
二八五	三〇	二二	一一	一一	一四	二七	一四	一六	
二八四	三一	二三	一二	一二	一五	二八	一五	一七	五国（燕、秦、韓、魏、趙）は斉を攻めることを謀る。楽毅は上将軍となり、五国の軍を帥いて斉を破る
二八三	三二	二四	一三	一三	一六	二九	一六	襄王 一	斉の国人は襄王を立てる
二八二	三三	二五	一四	一四	一七	三〇	一七	二	
二八一	三四	二六	一五	一五	一八	三一	一八	三	
二八〇	三五	二七	一六	一六	一九	三二	一九	四	
二七九	三六	二八	一七	一七	二〇	三三	二〇	五	斉の田単、国を回復する。孟嘗君、卒す。薛は斉と魏に滅ぼされる

書き下ろしエッセイ

回想のなかの孟嘗君

春秋から戦国へ

いまから二十七年まえ、つまり平成五年（一九九三年）の春に、新聞の連載小説として孟嘗君《もうしょうくん》（田文《でんぶん》）を書きはじめた。

そのころ、というよりも、それ以前に、孟嘗君という人物、およびかれにかかわりをもつ人々とことがら、さらに戦国という時代を、小説家としてどのようにとらえようとしていたか、できるかぎり憶《おも》いだしてみたい。

私が孟嘗君に着手するまえには、春秋《しゅんじゅう》時代とそれ以前の時代ばかりをあつかっていた。中国の歴史といえば、すぐに司馬遷《しばせん》の『史記《しき》』を想う人が多いであろう。むろん『史記』を通して春秋時代を眺めることはできる。しかし春秋時代にかぎっては、『春秋左氏伝《しゅんじゅうさしでん》』からみる風景がだんぜんおもしろい。あらためていうまでもないが、『春秋左氏伝』は、「春秋」という編年体《へんねんたい》の古記録に、「左氏」という人物がほどこした「伝」（注釈）である。この書物の成立を考えると、いくつかの難問にぶつかる。「春秋」は、春秋時代の魯《ろ》国の史官が書いた歴史に、孔子《こうし》（孔丘《こうきゅう》）が手を加えたものであるといわれているが、それはほんとうであるのか。また、注釈をほどこした左氏とは、孔子と同時代の左丘明《さきゅうめい》であるといわれているが、それは正しいのか。おそらく『春秋左氏伝』は戦国時代の成立であり、そうなると、左氏は左丘明ではないということになり、その左というのは人名を指しているとはかぎらないのではないか。

専門家ではない私でも、疑問をもたずに『春秋左氏伝』を読むわけではない。とはいえ、その内容が戦国時代よりもはるか後に偽造された、とはどうしてもおもわれない。早い話が、私は戦国時代に『春秋左氏伝』は書かれた、とひそかに信じている。そう信ずると、想像はおのずと伸展する。

春秋時代に魯で書かれたとおもわれる「春秋」という記録が、簡素《かんそ》すぎるので、それに彩《いろど》りを加えるために、多くの史料を集め、その史料価値をはかり、整理し、編纂《へんさん》をおこなった者がいる。その者とは司馬遷のような個人ではなく、グループであろう。しかもそのグループは民間人ではなく、王室が所蔵する図書を閲覧《えつらん》できる立場、官職にいる者たちでなければなるまい。

そこまで想像すると、『春秋左氏伝』の編纂は、一国の文化事業ではなかったか、とおもいたくなる。慢性《まんせい》的な戦乱の時代に、そういう文化事業がおこなわれていた。これが戦国時代の一面である。

——では、その国は……。

昔の魯の記録に注釈をほどこすのは、戦国時代の魯の史官か学者だろう。常識的な想像ではそうなる。しかしながら、魯という国は、戦国時代には小国になりさがっている。国力が低下したことにともない、国が保持している武力も薄弱《はくじゃく》となった。そのため、なるべく国際紛争にまきこまれないように、めだたず、つつましくしていることが国を存続させる道である、と君臣が考えていたのではないか。そういう国が、

「せめて文化面でも、国威を発揚《はつよう》しようではないか」

と、大がかりな計画を立て、はつらつと実行したであろうか。私は否《いな》であるとおもう。文化事業でもうしろにしっかりとした財政《ざいせい》がなければ起立しない。魯が富国であったとはとてもおもわれない。

戦国時代には七雄《しちゆう》とよばれる七つの大国があった。秦《しん》、韓《かん》、魏《ぎ》、趙《ちょう》、楚《そ》、斉《せい》、燕《えん》がそれである。文化事業によって国威を発揚したのは、その七国のなかの一国にちがい

ない。

しかし魯の記録に、魯ではない国が注釈をほどこして、なんの意義があるのか。

その記録すなわち「春秋」は、魯の隠《いん》公元年（紀元前七二二年）からはじまり、哀《あい》公十六年（前四七九年）で終わっている。ただし「伝」だけは哀公二十七年（前四六八年）までつづいている。その内容は、魯の歴史に限定されているわけではなく、魯を中心としながらも、諸国の事件や政情などが記されている。

そのことは、冒頭（隠公元年）をみただけでもわかる。こうである。


元年、春、王の正月《しょうがつ》。

三月、公《こう》、邾《ちゅ》の儀父《ぎほ》と蔑《べつ》に盟《ちか》う。

夏、五月、鄭伯《ていはく》、段《だん》に鄢《えん》に克《か》つ。


元年は隠公の元年をいい、王とは周王をいう。魯は周王室から岐《わか》れた室《いえ》なので、周王が用いている暦《れき》をつかっていると明示している。

隠公は三月に蔑という地へゆき、魯に属している邾という小国の君主である儀父と

盟約をおこなった。隠公があらたに魯の君主になったので、古い盟約を温《あたた》めなおした
ということである。

五月には、伯爵《はくしゃく》である鄭《てい》の荘《そう》公が弟の段《だん》と戦い、鄢という地で克った。魯に無関係な兄弟の争いであるが、魯の朝廷に報告がとどいたので、記《しる》したわけである。

ところで、日本の江戸期の儒者《じゅしゃ》である頼山陽《らいさんよう》は、『日本外史《にほんがいし》』を書くときに『史記』をかたわらに置いていたといわれる歴史学者でもある。門下生にも『史記』を読ませたであろうが、『春秋左氏伝』も与えた。すると門下生は、冒頭のその部分を、

なつごがつ　ていはくだんに　えんにかつ

と、五・七・五で暗誦《あんしょう》したので、頼山陽は、これこれ俳句や川柳《せんりゅう》のようにおぼえてはいけない、とたしなめたという。しかし師弟は楽しそうである。

それはそれとして、『春秋左氏伝』を読んでゆくと、諸侯が用いなければならない暦は、周王室が定めた暦であり、周王室とおなじ姓すなわち姫《き》姓をもつ室の優位が説かれているようである。さきにでてきた鄭も魯とおなじ姫姓の国である。

そうなると七雄とよばれた国のなかで姫姓の国で文化的な作業がおこなわれたと想いたい。姫姓の国は二国ある。

魏と韓である。

魏の文侯《ぶん》は国力を増大させた。武侯《ぶ》を経て、恵王《けい》になると、その威勢は絶頂期をむかえた。恵王は天子きどりであったといってよい。むろん国は富んでいたので、歴史の編纂に財力をまわしても痛くも痒《かゆ》くもなかったであろう。しかし恵王より三代あとの安釐《あんき》王の墓から、

『竹書紀年《ちくしょきねん》』

という歴史書が出現したことにより、魏が編纂をおこなっていたのは、それである、と推定せざるをえない。

いまひとつの姫姓の国は韓であり、『春秋左氏伝』を編纂したのは韓である、というしかない。ここまで、ながながと学術的に根拠のない推理につきあってもらったが、『春秋左氏伝』は時間の軸がしっかりしていて、しかも物語の要素がちりばめられているので、楽しく安心して読みすすんでゆける歴史書であると強調しておきたい。

たとえば、孟嘗君の先祖である斉の陳氏が、亡命貴族でありながら、斉の国になじ

み、強大な地歩《ちほ》を占める過程が、『春秋左氏伝』にはっきりと書かれている。書かれているのは、斉の政変だけではないのだから、いわば戦国時代へむかう道すじがわかりやすく示されている。しかしながら『春秋左氏伝』が前四六八年で終わっているため、このあとの戦国時代が、私にとっては、そうとうにわかりにくかった。

遊説家の活躍

孟嘗君は戦国時代中期の人である。

といっても、その時代の中期だけがはっきりとわかる方法などどこにもない。前期がわからなければ、中期はわからないであろうし、できれば後期も知っておきたい。

そこで、まず、司馬遷の『史記』に頼ることにした。

司馬遷は歴史書を書くにあたって「紀伝体《きでんたい》」という書式を発明した。「紀」は帝王の伝記であり、「伝」は注釈ではなく、臣下や有名人の伝記である。その「紀伝体」によって、過去の闇に沈んでいた人々にも光があたり、生気を帯びることになった。後世の歴史家はその書式に大いに魅力をおぼえ、踏襲《とうしゅう》することになった。

それはよいのだが、「紀」と「伝」をつきあわせてみると、ぴったり合わないことがしばしばあって、私は頭をかかえてしまった。戦国時代の末に、秦の国に始皇帝《し》（秦王政《せい》）が出現するが、そこまで各国の王の在位を算《かぞ》え、事象を照合しつつ年表を作ってみたが、過不足のないかたちで始皇帝までつながったのは、秦国のみで、ほかの国は、王名や事件が錯列《さくれつ》した。諸国の王の在位期間も信用ならなくなった。司馬遷はつじつまあわせのために、架空の王名をはさんだのではないか、と疑いたくなった。そこで、とうとう『史記』に頼るのをやめてしまった。

いまになっておもえば、始皇帝は焚書坑儒《ふんしょこうじゅ》をおこない、貴重な書物と学者を消滅させたのであり、そのあとに、全土の大半を焦土《しょうど》と化すような大乱が起こって、秦帝室が保有していた古記録も失われたにちがいない。司馬遷はその後の人であるから、わからないことが多く、やむなく史料価値の卑《ひく》い民間伝承を採用したのであろう。

じつは戦国時代を「紀伝体」ではなく「編年体」を通してみる手段があったのである。宋《そう》の司馬光《しばこう》が撰述《せんじゅつ》した『資治通鑑《しじつがん》』がそれである。

念のために、その書物の「第一」をひらいてみる。

周の威烈《いれつ》王の二十三年からはじまっている。その年は『春秋左氏伝』の最後の年、すなわち前四六八年から六十五年後の前四〇三年である。

最初の行には、

「周王ははじめて冊命《さくめい》をおこなって、晋《しん》の大夫《たいふ》（大臣）である魏斯《ぎし》、趙籍《ちょうせき》、韓虔《かんけん》を諸侯にした」

と、ある。

この長大な歴史書が、周の威烈王の在位期間の最初からではなく、途中からはじまっていることに奇妙さをおぼえる人もすくなくあるまい。が、問題はそこにはなく、最初の行にある。春秋時代には、晋という超大国が存在した。ところが晋の君主の威権は衰弱する一方で、ついに晋の大臣たちの権力が強大となって、魏家、趙家、韓家という三家が、広大な領土を三分して独立した。それゆえその三家は、

「三晋《さんしん》」

とも呼ばれる。三家の当主であるかれらは、臣下の身分であることに不都合をおぼえ、周の威烈王を動かして、正式に侯であるための冊命を拝受したのである。かれらはいわゆる君主となった。

かつて、君主を国外に追放するほど強大な権力をもった大臣でも、周王によって正式に君主に任命された者などいない。この三人が最初である。この特例を周の制度の

瓦解《がかい》とみた司馬光は、

——この年から戦国時代がはじまる。

と、した。司馬光の史観である。

するとこの年以前の空白の歳月はどうなるのであろう。春秋時代にも戦国時代にも属さない時間がずいぶん長くある。

周の威烈王の三代まえの王を元王《げん》といい、その王の元年が前四七五年なので、その年から戦国時代がはじまったとするほうがむりがない、と私はおもっている。元王の元年の四年まえに魯《ろ》の孔子が亡くなっている。春秋という名称が孔子にかかわりがあるとするのであれば、孔子の死から遠くないところで春秋時代が終わったとしたほうがよいのではないか。ただしこれは私のつつましい提案ということにしておく。

さて、『資治通鑑』はすぐれた通史ではあるが、私はそれを利用したという記憶をもたない。私の関心は『戦国策《せんごくさく》』にむけられた。『戦国策』は前漢の劉向《りゅうきょう》が編《あ》んだ。戦国時代の遊説《ゆうぜい》家の国別の記録である。それは歴史書ではなく、謀略の書であるといわれている。年代が明示されていないので、各国の歴史にそれらの話をあてはめてゆくのは骨が折れるが、私は『戦国策』を解体して、パズルのピースをはめこむような作業をしたという憶《おぼ》えがある。たぶん、数か月間、その作業をしつづけた。歴史小説を書くための準備は、その時代を皮膚感覚的に知ることで、頭で整理整頓することではない。その点、『戦国策』に登場する人物の多くは、なにものにも縛られず、おのれの智慧《ちえ》と才覚でしたたかに生きていて、いかにもその時代の空気をこちらまでとどけてくれる。

孟嘗君は斉の人だから、私が斉にかかわりの深い遊説家に注目したことはいうまでもない。最初にみつけたのは、

「張丑《ちょうちゅう》」

という人である。

斉の南に楚という大国がある。あるとき楚の威《い》王が軍を北上させて、斉軍と徐州《じょしゅう》で戦って勝った。この勝利によって斉に圧力をかけた。

「斉の相《しょう》である嬰子《えいし》を追放せよ」

嬰子とは、田嬰《でんえい》のことで、それは孟嘗君の父である。

なぜ楚が斉を攻めたのか。なぜ威王は田嬰を嫌ったのか。それはあとで調べてゆけばわかることなので、あとまわしにすればよい。要《よう》は、張丑が斉の使者として敵陣に

おもむき、怒気に満ちた威王を説得《せっとく》したおもしろさである。

張丑は威王にこう説いた。

「王が斉軍と戦って徐州でお勝ちになったのは、斉の盼子《はんし》が斉王に重用されていないからです。盼子は斉のために功を樹《た》て、人民は盼子のために働いています。ところが嬰子は盼子と仲が善くないので、将帥《しょうすい》に申縛《しんてん》を用いました。申縛という者は、大臣たちも手を貸さず、人民もその下では働きません。いま王が嬰子を追放なされば、斉では、盼子が重用《ちょうよう》されることになりましょう。そうなると盼子が将となって士卒《しそつ》を整《ととの》え、戦場で王と遭《あ》うことになれば、王にとって不都合になるにちがいありません」

つまり、政治と軍事の能力が劣る田嬰を追放せず、斉王の近くにとどめておいたほうが、楚にとって都合がよいはずです、と張丑は暗《あん》にいったのである。

「それも、そうか」

威王は張丑の説述《せつじゅつ》を容《い》れて、引き揚げることにした、という話である。この一話だけでもそうとうにおもしろい。

張丑は弁舌だけで、斉の国難を回避《かいひ》させることができたばかりか、田嬰の地位を護《まも》ったのである。一方の威王は、敵国の使者にまんまとあざむかれたが、はたして威王はそれほど単純な人であったのか。威王の知力と性格はどういうものであったのか。あわてて知ろうとしないのが、小説を書くまえの楽しみというものである。

むろん、なぜ楚が斉を伐《う》ったのかは、すぐにわかった。

楚軍が徐州まで攻めのぼったのは前三三三年で、その年は周の顕《けん》王の三十六年、魏の恵王の更元《こうげん》二年、斉の威王の二十四年、楚の威王の七年にあたる。威王とよばれる王は斉にもいて、その王は田嬰の兄である。

この年より九年まえに、

「馬陵《ばりょう》の戦い」

という大戦があり、魏軍が斉軍に大敗した。そのとき斉軍を勝利にみちびいた軍師を孫臏《そんぴん》といい、かれは春秋時代に呉《ご》の将軍で『孫子』という兵法書を書いた孫武《そんぶ》の裔《えい》孫《そん》である。孫臏も天才兵法家であるといってよい。

とにかく魏はその大敗によって国力が大いに低下した。魏の恵王は天子きどりであったとさきに書いたが、軍事の大失敗によって、自尊心がゆらいだ。

――斉と戦っても勝てない。

この現実は、どうしようもない。しかし、なんとしても斉に復讎《ふくしゅう》したい、その恵

王の意《おも》いを知った魏の相の恵施《けいし》が、

「斉へ入朝なさいませ」

と、勧《すす》めた。天下の盟主であった恵王が、こちらから斉へゆき、腰を低くして斉王に面会したら、どうであろうか。まっさきに怒るのは、楚の威王にちがいない。

「斉の君主の驕《おご》りはゆるせぬ」

大国の主《あるじ》であるという誇りをもっている楚の威王は、本物の強国とはどういうものであるかをみせつけるために、斉を攻めるであろう。つまり魏は一兵もつかうことなく、楚の威王を煽《あお》って斉王をいためつけることができる。この計略を知った恵王は、

「よし、斉に入朝しよう」

と、決断した。それを承《う》けて恵施は斉の相である田嬰に打診《だしん》をおこない、斉の威王が魏の恵王を招邀《しょうよう》するかたちにこぎつけた。それを遠くの楚からみると、

「斉君が魏君を呼びつけた。その段取《だんどり》をつけたのが、斉の嬰子である」

という理解のしかたになった。ちなみに楚王であった者は、威王にかぎらず、諸侯を王と呼んだことはいちどもない。天下にいる王は、周王のほかに楚王しかいない。

魏の恵王が斉の威王に朝見《ちょうけん》したのは、前三三四年で、両人が会見したのが徐州で

あった。恵王は威王を尊ぶかたちで、

「王」

と、呼んだ。これも恵施の策にちがいない。

それにたいして斉の威王は、答礼として、魏の恵王を王と呼んだのである。

これは大事件といってよい。

周王朝が樹立してから、諸侯には、公《こう》、侯《こう》、伯《はく》、子《し》、男《だん》という爵位が与えられ、その爵位を不服として王を自称したのは楚の君主のみであった。が、徐州におけるこの会見で、斉の君主と魏の君主が王と呼びあったことによって、周の爵位が棄捐《きえん》されて、周王の認可なしでふたりの王が誕生したのである。

楚の威王の怒りが倍加《ばいか》したことはいうまでもない。それもこれも、田嬰が悪い、とおもった楚の威王は軍を北上させて、二王の会見の地である徐州をふみにじって、田嬰の追放を要求したというわけであった。

以後、諸侯はつぎつぎに王となったのであるから、張丑という弁者《べんしゃ》は、歴史が質を変える境に立っていたといえる。

ただし孟嘗君の生涯をながめると、そのようなおもしろさが満載《まんさい》されているのは、かれの幼少期にあたるであろうから、小説にとりいれてゆくむずかしさに直面したことも事実である。

孟子と白圭

孟嘗君の生年はわからない。

しかしなぜか生まれた月日はわかっている。

五月五日に生まれたのである。

生母は田嬰の側室のなかでも身分の低い妾《しょう》で、孟嘗君を生むまえに田嬰から、

「殺せ」

と、いわれた。五月生まれの子は父母に害をなす、という俗信があり、田嬰がそれを信じていたため、孟嘗君は生まれてすぐに殺されそうになった。が、子を産んだばかりの母が、その子を翌日に殺すようなことが、平気でできるはずがない。それについて司馬遷《しばせん》は『史記』の「孟嘗君列伝」のなかで、

——その母、竊《ひそ》かに挙《あ》げて之《これ》を生《そだ》つ。

と、書いた。挙げる、とは、出産することである。子を産むことを、挙子《きょし》、ともい

う。

その文につづくのは、

「田文（孟嘗君）が成長すると、兄弟のとりなしで、母は田文を田嬰に会わせた」

という父子対面の場面となる。兄弟というのは、孟嘗君の兄弟で、母の兄弟ではあるまい。田嬰には四十余人の子があり、孟嘗君がそのなかの何番目の子であるか、わからない。しかしふつう孟というあざなは、庶長子《しょちょうし》を指す。常識的には、孟嘗君は田嬰が側室に産ませた長男である。そうであれば、孟嘗君には兄がいないことになるのに、列伝に兄という文字があることに、困惑せざるをえない。

困惑したのは、それだけではない。

田嬰から、生まれてくる子を殺せといわれたのに、母はどこで子を産み、その子をどのように育てたのであろうか。その母が、田嬰の外妾《がいしょう》であるのなら、疑問は減少する。しかしながら、田嬰は斉王の弟であり、宰相にもなった貴人であるかぎり、財力は大きく、妾を外に置いておく必要はない。すべての妾は邸宅内にいたはずである。その邸宅がどれほど広大であっても、そのどこかに嬰児をかくし、育てることは、どう考えてもできない。

母は生まれたばかりの子を邸宅の外にだしたのである。

すると、仲介者はたれか、ということになる。

田嬰の正室と側室が生活している空間、いわゆる後宮《こうきゅう》には、男が近づくことはできない。そう想うと、生まれたばかりの子をこっそり外へだす手段としては、孟嘗君の母に同情した下女の手を借りるしかないが、そのあたりについて司馬遷はいかなる示唆《しさ》もおこなっていない。司馬遷の想像力には小説家の要素があったと私はみているが、その肝心なところに関心がなかったのであろうか。

なんとか嬰児が邸宅の外にでたとしても、その子をたれが育てたのか。

怪しまれずに田嬰邸に出入りできる人、となれば、さきに名をだした張丑がもっともおもしろい存在である。張丑が孟嘗君を育てた、という設定は悪くない。しかしながら張丑という弁者の思想の基本がわからない。のちの孟嘗君は下層の者ともわけへだてなくつきあい、こそ泥《どろ》といってよい者を食客《しょっかく》とする一方で、弱い者をいじめる強者へ敢然《かんぜん》と立ちむかう義俠心《ぎきょうしん》を発揮した。そういう情義の基本的姿勢は成人となるまえにつくられたはずであり、張丑のような口先《くちさき》で生きてゆく人が養父であっては、孟嘗君像がゆがみそうである。

――もっとスケールの大きな人はいないか。

ひとり、いた。張丑よりはるかに有名な人がいた。

「孟子《もうし》（孟軻《もうか》）」

である。戦国期で最高の儒者《じゅしゃ》といってよい孟子は、田嬰とかかわりをもっている。遊説の途中で迫害され、弟子とともに薛《せつ》の邑《まち》に逃げ込んだ。薛の主《あるじ》こそ田嬰であり、かれはこの儒教集団を保庇《ほひ》した。とはいえ、田嬰が儒教の信奉者《しんぽうしゃ》であったことは、まず、ない。

「惻隠《そくいん》の心」

であったにちがいない。子どもが井戸に落ちようとしていたら、いかなる悪人でもその子どもを助けようとするであろう。人をかわいそうにおもう、それが惻隠の心である、と孟子は説いた。孟子も遊説家なのである。孟子の説述がまとめられた『孟子』を読んだ私は、救われた、と実感したことがあり、いまでも孟子を敬仰《けいぎょう》している。幼い孟嘗君が孟子とつながったらどうであろう、と考えないことはなかった。しかし多数の門弟を従えて遊説をおこなった孟子は、飢えて路傍に倒れている人をみても、馬車からおりて救助するようなことをしなかった。瞥見《べっけん》して通りすぎただけである。

——困窮者を救うのは、個人ではなく、政府である。

これが孟子の厳乎《げんこ》たる思想である。

この思想に孟嘗君はそぐわない。孟嘗君は、飢えに苦しむ者がいれば、馬車からおりて、手をさしのべたにちがいない。のちに孟嘗君は田嬰の正式な後継者となり、薛をうけつぎ、数千人の食客を養った。なお列伝に、

——文《ぶん》（田文）を以《もっ》て太子と為《な》さしむ。

という一文があるが、その太子といういいかたは正しい。まえに、薛という邑、と書いたが、じつは薛は田嬰が封建された国であり、田嬰は小国の君主となったのである。その国を孟嘗君がうけついだ。国主となった孟嘗君の施策《しさく》のひとつが、食客を養うことではなかったか。

薛という国が大国ではないにもかかわらず、君主となった孟嘗君がたぐいまれな義侠の体現者であったことはまちがいないのだから、いわば男気《おとこぎ》を幼少の孟嘗君に注入した者がいないと、小説世界はバランスを失う。特に孟嘗君が成人となるまでの歳月にふくまれる事件の多彩さは、戦国時代の真髄《しんずい》の反映であるとみてよく、そこを空白にしてしまうのは、いかにももったいない。

どれほど孟子が人道的な思想家であっても、やはり高踏《こうとう》的であり、俗のところに足をいれて歩いていない。私としては、からだを張った生きざまを幼い孟嘗君にみせた人物が欲しかった。

——そうだ。

憶《おも》いだしたことがあった。経済について孟子と論争した商人がいた。『史記』の「貨殖《かしょく》列伝」にその名がある。

「白圭《はくけい》」

である。ただし私は『孟子』のなかにその名をみた。ちなみに列伝のなかの白圭は、戦国初期の覇者といってよい魏《ぎ》の文《ぶん》侯のころの人であり、諸侯がつぎつぎに王と称した時代を生きた白圭とは、別の人であるというしかない。後者の白圭は私財を投じて、河水の氾濫《はんらん》をふせぐために治水事業をおこなったといわれる。

白圭は大商人である。

むろんこの人の経歴はわからない。その闇の部分と孟嘗君の空白の歳月をむすびつけられないか。そう考えたとき、私の心ははずみをもった。このはずみがないと、小説は書けない。私はおおかたわかったうえで小説を書きはじめる型の作家ではない。

わからないことを積み重ねていったとき、一条の光をみつければ、その光を追ってゆく性癖《せいへき》をもっている。この小説の場合、その光とは、白圭であった。

孟嘗君と武霊王

魏は最強の国であった。

ところが戦国中期になると、東の斉《せい》と戦って大敗し、西の秦《しん》には勝てず、南の楚《そ》におびやかされた。安邑《あんゆう》にあった首都を大梁《たいりょう》に移したのは、秦を恐れたからである。

魏に驕《おご》りがあったというしかない。『孟子』の「巻第一」は、

――孟子梁《りょう》の恵《けい》王に見《まみ》ゆ。

という文からはじまっている。その梁は、大梁のことで、国名のかわりにもなっている。ところで、魏で編纂《へんさん》されたであろう『竹書紀年《ちくしょきねん》』は発見されたあと散佚《さんいつ》し、その後、輯成《しゅうせい》された。それが原本にどれほどちかいのか、わからないものの、『史記』や『戦国策』とはちがう記述があり、私は興味深く読んだ。

『古本《こほん》竹書紀年』には、魏の恵王は、

「梁恵成王《りょうけいせい》」

とあり、あきらかに王号がちがう。この「恵成王」が正しければ、「恵王」という表記はすべてまちがいということになってしまう。戦国時代史のむずかしいところであろう。だが、たとえば秦の昭襄《しょうじょう》王は、昭王、とも呼ばれたであろうから、恵成王が恵王と記されても、あながちまちがいではないことになろう。

さて、魏の西隣にある韓《かん》という国は、前身が鄭《てい》である。その位置は中華のなかの中央という絶好《ぜっこう》であり、世が戦乱でなければ、おのずと富み栄えたであろう。しかしこの国の軍事は活発ではなく、鄭の時代から北上する楚の威勢に悩まされ、戦国期になると軍事強国の秦に圧迫された。そこで韓は、北の趙《ちょう》とむすんで軍事の歩調をあわせることにした。韓の公女が趙の武霊《ぶれい》王に嫁《とつ》いだこともあって、その紐帯《ちゅうたい》は固いものとなったが、あるとき武霊王は中原《ちゅうげん》諸国の争いに関与《かんよ》したくなったのか、北と西に軍をむけて、趙の版図《はんと》を中原とは反対の方向へ拡大した。

韓と魏は親睦《しんぼく》をかさねてきたわけではなく、むしろ仲が悪かったが、似たような難問につきあたったせいで、話し合いをおこない、斉の力を借りることにした。

「斉に孟嘗君あり」

孟嘗君の威名《いめい》は斉王をしのいでいる。韓と魏の使者が窮状《きゅうじょう》を訴えると、

「そういうことでしたら――」

と、孟嘗君はすぐに斉王を説《と》いて、軍をだした。斉、韓、魏の連合軍は、強国の楚を攻めて勝ったのである。

その勝ちかたはあざやかであったが、なんといっても、戦後処理がすがすがしかった。楚にたいして、奪った地を韓と魏に返還させただけで、斉はなにも取らなかった。この絜《きよ》さに、天下の人々は喝采《かっさい》した。個人としてだけではなく国として義俠《ぎきょう》を表現した孟嘗君の声望は高まるばかりであった。そこに目をつけた秦が、孟嘗君を招き、相《しょう》の席を用意した。孟嘗君がそれを受けたことによって、秦と斉は親和の関係となり、当然、孟嘗君を尊敬している韓と魏も、その関係にくわわることになった。

――まずい。

と、おもったのが、趙の武霊王である。武霊王はすぐに謀臣を秦へ送って、秦との関係を強化したつもりであった。が、秦が趙よりも斉との関係を重視することになったことで、趙は孤立しかねない状況となった。そこで武霊王は密使を秦へ遣《や》って、その謀臣に計略をさずけた。端的《たんてき》にいえば、秦の昭襄王をそそのかして、孟嘗君を殺させようとしたのである。

じつのところ、私はいまこの時代を、武霊王とその子の恵文王《けいぶん》の側から小説に書いており、武霊王をかつてないほど凝視《ぎょうし》してみた。たしかに非情なところはあるが、雄邁《ゆうまい》としかいいようがない人物である。おそらく武霊王は趙という国土を、かつての晋《しん》に比《ちか》いほど広大にするつもりであったとおもわれるが、天下を平定する志望があったか、どうか。武霊王にとって最大の敵は孟嘗君であったにちがいないので、戦場で激突するまえに、抹殺《まっさつ》してしまえばよいと意《おも》ったであろう。

昭襄王は武霊王の計略にそって動いてくれた。孟嘗君を秦国に閉じ込めて殺すことができそうになった。が、孟嘗君にはふしぎな力がある。その力を発揮したのが、随従者の食客たちで、かれらは智慧と才覚によって主君を助け、主従そろって危地を脱したのである。これは庶民が王の悪計をしのいだ図といってよく、天下を驚嘆させ、ながく語り継がれることになった。

帰国した孟嘗君が報復の軍を催したことはいうまでもない。斉、韓、魏の連合軍は、無敵と恐れられた秦軍を痛撃し、圧倒して、秦国内に押し込めた。長期戦となったが、秦は韓と魏に奪取した地を返して和睦した。またしても斉はなにも取らなかった。

とにかく私欲がぎらつかない人を書くことは気持ちがよかった。それとは別に、この小説を書いているあいだに、これほど暑い夏は知らないといってよい酷暑《こくしょ》があった。小説を書くどころか、夜にも満足にねむられない日がつづいたので、京都へ逃避した。京都は名古屋より気温が一度低かった。その一度の差がどれほどのちがいであるか、はっきり体感したのが、その夏であった。

二〇二〇年夏

宮城谷昌光

本書はＮＨＫ教育テレビ「知るを楽しむ」（二〇〇八年十〜十一月放送）のテキストをふまえ、加筆修正を行った『孟嘗君と戦国時代』（二〇〇九年五月、中公新書）に、新たに書き下ろしエッセイ「回想のなかの孟嘗君」を加え文庫化したものです。

中公文庫

孟嘗君《もうしょうくん》と戦国《せんごく》時代《じだい》

2021年2月25日　初版発行
2022年8月30日　再版発行

著　者　宮城谷昌光《みやぎたにまさみつ》

発行者　安部順一

発行所　中央公論新社
〒100-8152　東京都千代田区大手町1-7-1
電話　販売 03-5299-1730　編集 03-5299-1890
URL https://www.chuko.co.jp/

DTP　平面惑星
印　刷　大日本印刷
製　本　大日本印刷

Published by CHUOKORON-SHINSHA, INC.
Printed in Japan　ISBN978-4-12-207037-0 C1195

各書目の下段の数字はISBNコードです。978－4－12が省略してあります。

中公文庫既刊より

み-36-7
草原の風（上） 宮城谷昌光

三国時代よりさかのぼること二百年。劉邦の子孫にして、勇武の将軍、古代中国の精華・後漢王朝を打ち立てた光武帝・劉秀の若き日々を鮮やかに描く。

205839-2

み-36-8
草原の風（中） 宮城谷昌光

三国時代に比肩する群雄割拠の時代、天下に乱立する英傑と鮮やかな戦いを重ね、天下統一へ地歩を固める劉秀。天性の将軍・光武帝の躍動の日々を描く！

205852-1

み-36-9
草原の風（下） 宮城谷昌光

いよいよ天子として立つ劉秀。その磁力に引き寄せられるように、多くの武将、知将が集結する。光武帝の後漢建国の物語、堂々完結！〈解説〉湯川　豊

205860-6

み-36-11
呉　漢（上） 宮城谷昌光

貧家に生まれた呉漢は、運命の変転により、天下統一を目指す劉秀の将となるが……。後漢を建国し、中国統一を果たした光武帝が最も信頼した武将を描く。

206805-6

み-36-12
呉　漢（下） 宮城谷昌光

王莽の圧政に叛旗を翻す武将たちとの戦いの中で、光武帝・劉秀の信頼を得た呉漢。天下の平定と光武帝のためにすべてを捧げた生涯を描く。〈解説〉湯川　豊

206806-3

み-36-13
新装版　奇貨居《お》くべし（一）春風篇 宮城谷昌光

秦の始皇帝の父ともいわれる呂不韋。一商人から宰相にまでのぼりつめた波瀾の生涯を描く。十五歳の少年・不韋は、父の命により旅に出ることになるが……。

206981-7

み-36-14
新装版　奇貨居くべし（二）火雲篇 宮城谷昌光

藺相如と共に、趙の宝玉「和氏の璧」を大国・秦の手から守り抜いた呂不韋。乱世に翻弄されながらも、荀子、孟嘗君らの薫陶を受け成長する姿を描く。

206993-0

み-36-15
新装版 奇貨居くべし（三） 黄河篇
宮城谷昌光
斉と魏の謀略により薛は滅びた。孟嘗君らが作り上げた理想郷・慈光苑に暮らす人々を救い出した呂不韋は、商人として立つことを考え始めるが……。
207008-0

み-36-16
新装版 奇貨居くべし（四） 飛翔篇
宮城谷昌光
あれは奇貨かもしれない――。秦王の信を得た范雎の台頭から生じた政変に乗じ、呂不韋は、趙で人質生活を送る安国君の公子・異人を擁立しようとするが。
207023-3

み-36-17
新装版 奇貨居くべし（五） 天命篇
宮城谷昌光
民意が反映される理想の王朝の確立を目指して呂不韋は奔走するが、即位したばかりの子楚・荘襄王の思わぬ訃報がもたらされ……。完結篇。〈解説〉平尾隆弘
207036-3

み-36-10
歴史を応用する力
宮城谷昌光
中国歴史小説の第一人者が、光武帝や、劉邦ら中国史上名高い人物の生涯をたどりつつ、ビジネスや人間関係における考え方のヒントを語る。文庫オリジナル。
206717-2

み-36-19
窓辺の風 宮城谷昌光 文学と半生
宮城谷昌光
中国歴史小説の大家はなぜ中国古代に魅せられたのか。文学修業の日々とデビューまでの道のりを描く。書き下ろしエッセイ「私見 孔子と『論語』」を付す。
207050-9

き-15-17
香港・濁水渓 増補版
邱 永漢
戦後まもない香港で、台湾人青年がたくましく生き抜くさまを描いた直木賞受賞作「香港」と、同候補作「濁水渓」を併録。随筆一篇を増補。〈解説〉東山彰良
207058-5

き-15-18
わが青春の台湾 わが青春の香港
邱 永漢
台湾、日本、香港――戦中戦後の波瀾に満ちた半生を綴った回想記にして、現代東アジア史の貴重な証言。短篇「密入国者の手記」を特別収録。〈解説〉黒川 創
207066-0

さ-80-1
佐藤春夫台湾小説集 女誡扇綺譚
佐藤 春夫
廃墟に響く幽霊の声「なぜもっと早くいらっしゃらない？」。台湾でブームを呼ぶ表題作等百年前の台湾旅行に想を得た今こそ新しい九篇。文庫オリジナル。
206917-6

各書目の下段の数字はISBNコードです。978 - 4 - 12が省略してあります。

さ-80-2
佐藤春夫中国見聞録 星／南方紀行
佐藤春夫
「日本語で話をしない方がいい。皆、日本人を嫌っているから」——中華民国初期の内戦最前線を行く「南方紀行」、名作「星」など運命のすれ違いを描く九篇。
207078-3

し-6-27
韃靼《だったん》疾風録（上）
司馬遼太郎
九州平戸島に漂着した韃靼公主を送って、謎多いその故国に赴く平戸武士桂庄助の前途に待ちかまえていたものは。東アジアの海陸に展開される雄大なロマン。
201771-9

し-6-28
韃靼疾風録（下）
司馬遼太郎
文明が衰退した明とそれに挑戦する女真との間に激しい攻防戦が始まった。韃靼公主アビアと平戸武士桂庄助を軸にした壮大な歴史ロマン。大佛次郎賞受賞作。
201772-6

し-6-29
微光のなかの宇宙 私の美術観
司馬遼太郎
密教美術、空海、八大山人、ゴッホ、須田国太郎、八木一夫、三岸節子、須田剋太——独自の世界形成に至る軌跡とその魅力を綴った珠玉の美術随想集。
201850-1

し-6-30
言い触らし団右衛門
司馬遼太郎
自己の能力を売りこむにはPRが大切と、売名に専念した塙団右衛門の悲喜こもごもの物語ほか、戦国豪傑を独自に描いた短篇集。〈解説〉加藤秀俊
201986-7

し-6-31
豊臣家の人々
司馬遼太郎
北ノ政所、淀殿など秀吉をめぐる多彩な人間像と栄華のあとを、研ぎすまされた史眼と躍動する筆でとらえた面白さ無類の歴史小説。〈解説〉山崎正和
202005-4

し-6-32
空海の風景（上）
司馬遼太郎
平安の巨人空海の思想と生涯、その時代風景を照射し、日本が生んだ人類普遍の天才の実像に迫る。構想十余年、司馬文学の記念碑的大作。芸術院恩賜賞受賞。
202076-4

し-6-33
空海の風景（下）
司馬遼太郎
大陸文明と日本文明の結びつきを達成した空海は哲学宗教文学教育、医療施薬、土木灌漑建築と八面六臂の活躍を続ける。その死の秘密もふくめ描く完結篇。
202077-1

し-6-34
歴史の世界から 司馬遼太郎
濃密な制作過程が生んだ、司馬文学の奥行きを堪能させるエッセイ集。日本を動かし、時代を支える人間の姿を活写しつつ、自在な発想で現代を考える。
202101-3

し-6-35
歴史の中の日本 司馬遼太郎
司馬文学の魅力を明かすエッセイ集。明晰な歴史観と豊かな創造力で、激動する歴史の流れと、多彩な人間像をとらえ、現代人の問題として解き明かす。
202103-7

し-6-36
風塵抄《ふうじんしょう》 司馬遼太郎
一九八六年から九一年まで、身近な話題とともに土地問題、解体したソ連の問題等、激しく動く現代世界と人間を省察。世間ばなしの中に「恒心」を語る珠玉随想集。
202111-2

し-6-56
風塵抄（二） 司馬遼太郎
一九九一年から九六年二月十二日付まで、現代社会を鋭く省察。二一世紀への痛切な思いと人びとの在りようを訴える。「司馬さんの手紙」（福島靖夫）併載。
203570-6

し-6-37
花の館《やかた》・鬼灯《ほおずき》 司馬遼太郎
応仁の乱前夜、欲望と怨念にもだえつつ救済を求めて彷徨する人たち。足利将軍義政を軸に、この世の正義とは何かを問う「花の館」など野心的戯曲二篇。
202154-9

し-6-38
ひとびとの跫音《あしおと》（上） 司馬遼太郎
正岡子規の詩心と情趣を受け継いだひとびとの豊饒にして清々しい人生を深い共感と愛惜をこめて刻む、司馬文学の核心をなす画期的長篇。読売文学賞受賞。
202242-3

し-6-39
ひとびとの跫音（下） 司馬遼太郎
正岡家の養子忠三郎ら、人生の達人といった風韻をもつひとびとの境涯を描く。「人間が生まれて死んでゆくという情趣」を織りなす名作。〈解説〉桶谷秀昭
202243-0

し-6-40
一夜官女 司馬遼太郎
「私のつきあっている歴史の精霊たちのなかでもいちばん気サクな連中に出てもらった」（「あとがき」より）。愛らしく豪気な戦国の男女が躍動する傑作集。
202311-6

各書目の下段の数字はISBNコードです。978－4－12が省略してあります。

し-6-41
ある運命について
司馬遼太郎
広瀬武夫、長沖一、藤田大佐や北条早雲、高田屋嘉兵衛――人間を愛してやまない著者がその足跡を歴史の中から掘り起こす随筆集。
202440-3

し-6-42
世界のなかの日本 十六世紀まで遡って見る
司馬遼太郎
ドナルド・キーン
近松や勝海舟、夏目漱石たち江戸・明治人のことばと文学、モラルと思想、世界との関りから日本人の特質を説き、世界の一員としての日本を考えてゆく。
202510-3

し-6-43
新選組血風録
司馬遼太郎
前髪の惣三郎、沖田総司、富山弥兵衛……幕末の大動乱期、剣に生き剣に死んでいった新選組隊士一人一人の哀歓を浮彫りにする。〈解説〉綱淵謙錠
202576-9

し-6-45
長安から北京へ
司馬遼太郎
万暦帝の地下宮殿で、延安往還、洛陽の穴、北京の人々……。一九七五年、文化大革命直後の中国を訪ね、その巨大な過去と現在を見すえて文明の将来を思索。
202639-1

し-6-44
古往今来
司馬遼太郎
著者居住の地からはじまり、薩摩坊津や土佐檮原などのつやのある風土と人びと――「古」と「今」を自在に往来して、よき人に接しえた至福を伝える。
202618-6

し-6-46
日本人と日本文化〈対談〉
司馬遼太郎
ドナルド・キーン
日本文化の誕生から日本人のモラルや美意識にいたる〈双方の体温で感じとった日本文化〉を縦横に語りあいながら、世界的視野で日本人の姿を見定める。
202664-3

し-6-47
人間の集団について ベトナムから考える
司馬遼太郎
一九七三年、戦火やまない南ベトナムで、人間と人間の集団について優しいまなざしで洞察する。知的刺激にみちた第一級の思想書。〈解説〉桑原武夫
202684-1

し-6-48
土地と日本人〈対談集〉
司馬遼太郎
土地問題が日本の最大の病根であることをいちはやく見抜き、憂いつつ逝った著者が、松下幸之助、野坂昭如氏らと解決の方途を探った警世の対談集。
202712-1

し-6-49
歴史の舞台 文明のさまざま
司馬遼太郎
憧憬のユーラシアの大草原に立って、宿年の関心であった遊牧文明の地と人々、歴史を語り、中国・朝鮮・日本を地球規模で考察する雄大なエッセイ集。
202735-0

し-6-51
十六の話
司馬遼太郎
二十一世紀に生きる人びとに愛と思いをこめて遺す「歴史から学んだ人間の生き方の基本的なことども」。井筒俊彦氏との対談「二十世紀末の闇と光」を収録。
202775-6

し-6-52
日本語と日本人〈対談集〉
司馬遼太郎
井上ひさし、大野晋、徳川宗賢、多田道太郎、赤尾兜子、松原正毅氏との絶妙の語り合いで、〈実にややこしい言葉〉日本語と日本文化の大きな秘密に迫る。
202794-7

し-6-53
司馬遼太郎の跫音《あしおと》
司馬遼太郎 他
司馬遼太郎――「裸眼で」読み、書き、思索した作家。人々をかぎりなく豊かにしてくれた、巨大で時空を超える、その作品世界を初めて歴史的に位置づける。
203032-9

し-6-55
花咲ける上方武士道
司馬遼太郎
風雲急を告げる幕末、公家密偵使・少将高野則近の東海道東下り。大坂侍・百済ノ門兵衛と伊賀忍者を従えて、恋と冒険の傑作長篇。〈解説〉出久根達郎
203324-5

し-6-57
日本人の内と外〈対談〉
司馬遼太郎
山崎　正和
欧米はもちろん、アジアの他の国々とも異なる日本文化の独自性を歴史のなかに探り、「日本人」が国際社会で真に果たすべき役割について語り合う。
203806-6

し-6-59
司馬遼太郎歴史歓談Ⅰ 日本人の原型を探る
司馬遼太郎 他著
出雲美人の話から空海、中世像、関ヶ原の戦いの人間模様まで。湯川秀樹、岡本太郎、森浩一、網野善彦氏らとの対談、座談で読む司馬遼太郎の日本通史。
204422-7

し-6-60
司馬遼太郎歴史歓談Ⅱ 二十世紀末の闇と光
司馬遼太郎 他著
近世のお金の話、坂本龍馬、明治維新から東京五輪まで。日本の歴史を追い、未来を考える、大宅壮一、三島由紀夫、桑原武夫氏らとの対談、座談二十一篇を収録。
204451-7

し-20-10
中国の神話
白川　静
従来ほとんど知られなかった中国の神話・伝説を、豊富な学識と資料で発掘し、その成立＝消失過程を体系的に論ずる。日本神話理解のためにも必読。
204159-2

し-20-5
漢字百話
白川　静
甲骨・金文に精通する著者が、漢字の造字法を読み解き、隠された意味を明らかにする。現代表記には失われた、漢字本来の姿が見事に著された好著。
204096-0

し-20-6
初期万葉論
白川　静
それまでの通説を一新した、碩学の独創的万葉論。人麻呂の挽歌を中心に古代日本人のものの見方、神への祈りが、鮮やかに立ち現れる。待望の文庫化。
204095-3

し-20-7
後期万葉論
白川　静
『初期万葉論』に続く、中国古代文学の碩学の独創的万葉論。人麻呂以降の万葉歌の諸相と精神の軌跡を描き、文学の動的な展開を浮かび上がらせる。
204129-5

し-20-9
孔子伝
白川　静
今も世界中で生き続ける「論語」を残した哲人、孔子。挫折と漂泊のその生涯を、史実と後世の恣意的粉飾とを峻別し、愛情あふれる筆致で描く。
204160-8

お-82-1
時平《しへい》の桜、菅公の梅
奥山景布子《きょうこ》
孤高の俊才・菅原道真と若き貴公子・藤原時平。身分も年齢も違う二人は互いに魅かれ合うも、残酷な因縁に辿り着く——国の頂を目指した男たちの熱き闘い！
205922-1

お-82-2
恋衣　とはずがたり
奥山景布子
後深草院の宮廷を舞台に、愛欲と乱倫、嫉妬の渦に翻弄される一人の女性。遺された日記を初めて繙いた娘の視点から、その奔放な人生を辿る。〈解説〉田中貴子
206381-5

さ-74-1
夢も定かに
澤田　瞳子
翔べ、平城京のワーキングガール！　聖武天皇の御世、後宮の同室に暮らす若子、笠女、春世の日常は恋と友情と政争に彩られ……。〈宮廷青春小説〉開幕！
206298-6

各書目の下段の数字はISBNコードです。978-4-12が省略してあります。

さ-74-2
落花 澤田瞳子
仁和寺僧・寛朝が東国で出会った、荒ぶる地の化身のようなもののふ。それはのちの謀反人・平将門だった。武士の世の胎動を描く傑作長篇！〈解説〉新井弘順
207153-7

す-3-6
檀林皇后私譜（上） 杉本苑子
闇に怨霊が跳梁し、陰謀渦巻く平安京に、美貌のゆえに一族の衆望を担って宮中に入り、権勢の暗闘の修羅に生きた皇后嘉智子の一生を描く歴史長篇。
201168-7

す-3-7
檀林皇后私譜（下） 杉本苑子
飢餓と疫病に呻吟する都、藤原氏内部の苛烈な権力争いの渦中に橘嘉智子は皇后位につく。藤原時代の開幕を彩る皇后の一生を鮮やかに描く。〈解説〉神谷次郎
201169-4

た-13-5
十三妹《シイサンメイ》 武田泰淳
強くて美貌でしっかり者。女賊として名を轟かせた十三妹は、良家の奥方に落ち着いたはずだったが……中国古典に取材した痛快新聞小説。〈解説〉田中芳樹
204020-5

た-13-7
淫女と豪傑 武田泰淳中国小説集 武田泰淳
中国古典への耽溺、大陸風景への深い愛着から生まれた、血と官能に満ちた淫女・豪傑の物語。評論一篇を含む九作を収録。〈解説〉高崎俊夫
205744-9

ひ-6-7
南総里見八犬伝 平岩弓枝文 佐多芳郎画
美女伏姫の体から飛び散った八つの霊玉を持って生まれた八犬士と、希代の悪人、毒婦たちの死闘。馬琴の傑作を流麗な現代語に甦らせた鮮かな絵草紙。
202415-1

も-26-4
元禄お犬姫 諸田玲子
「生類憐みの令」のもと、犬をめぐる悪事・怪異が相次ぐ江戸の町。野犬猛犬狂犬、なんでもござれの「お犬姫」が、難事件に立ち向かう。〈解説〉安藤優一郎
207071-4

も-26-6
ひと夜の恋 元禄お犬小屋異聞 諸田玲子
「生類憐みの令」のもと犬を収容する「御囲」に、「犬吉」と呼ばれる娘がいた。赤穂浪士が討ち入りを果たしたあくる夜、彼女の身に起きた運命の出来事を描く。
207223-7